Gustav Held

Roger Bacons praktische Philosophie

Gustav Held

Roger Bacons praktische Philosophie

ISBN/EAN: 9783744629522

Hergestellt in Europa, USA, Kanada, Australien, Japan

Cover: Foto ©ninafisch / pixelio.de

Weitere Bücher finden Sie auf **www.hansebooks.com**

Roger Bacon's
practische Philosophie.

Inaugural-Dissertation

der philosophischen Facultät zu Jena

zur Erlangung der Doktorwürde

vorgelegt

von

Gustav Held,
P. in Zettitz.

Jena, 1881.
Druck von A. Neuenhahn.

Nach der Barbarei des sechsten bis achten Jahrhunderts wurde in den durch Karl den Grossen gestifteten Klöstern, bischöflichen und erzbischöflichen Sitzen neuen philosophischen Bestrebungen der Weg gebahnt, die dann später ihren Mittelpunkt in den Universitäten, besonders in Paris und Oxford fanden. Doch beschränkte sich diese mittelalterliche Philosophie hauptsächlich auf die philosophische Untersuchung der Theologie. Erst im zwölften Jahrhundert machen sich neue Strömungen geltend. Waren doch die philosophischen Arbeiten der Araber mehr und mehr bekannt geworden, ja die physischen und metaphysischen Schriften des Aristoteles wurden verbreitet, wenn auch vorerst nur durch das Medium unvollkommener Uebersetzungen.

Es ist leicht erklärlich, dass die Häupter der Orthodoxie sich gegen Neuerungen auflehnten, dass die Schriften des Aristoteles über die Natur noch im Jahre 1209 durch ein Provinzial-Concil in Paris verboten wurden (nec libri Aristotelis de naturali philosophia nec commenta legantur Parisiis publice vel secreto). Es war eine Zeit ohne wissenschaftlichen Fortschritt; die Wissenschaft lag in den Banden der Tradition, Neues wurde nicht geschafft — sondern der Ruhm der Zeit lag in künstlichen Speculationen. Gegen die ganze Richtung einer Zeit aufzustehen, erfordert hohen Mut. Roger Bacon, dem einfachen Franziskaner-Mönch, war dieser kühne Schritt vorbehalten. Ohne das Ansehn der bedeutendsten Lehrer seiner Zeit, eines Albert des Grossen, eines Thomas von Aquino, eines Alexander von Hales zu achten, fordert er die Gründung der Wissenschaft auf breiterer Basis; statt nutzloser Speculation soll die Erfahrung in ihre Rechte treten, neben jeder einzelnen Abteilung der speculativen Philosophie legt er das Hauptgewicht auf den korrespondierenden practischen Teil. Natürlich hat er allein seiner Zeit kein neues Gepräge verleihen können; seine Schriften wurden vergessen und erst drei Jahrhunderte später betrat man den wissenschaftlichen Pfad, den er schon als richtig erkannt hatte. So ist es erklärlich, dass auch seine umfangreichen Schriften erst in spätester Zeit publiciert wurden. Sein Hauptwerk, das Opus majus, ist erst von Jebb, London 1733 fol. herausgegeben worden; einzelne kleinere Werke erschienen freilich schon früher. Die Jebb'sche Ausgabe blieb bis 1859 die einzige Quelle für die Kenntnis baconischer Ideen. Erst in dem letztgenannten Jahre veröffentlichte Brewer, London: Fr. Rogeri Bacon opera quaedam hactenus inedita; dieses Werk enthält Roger Bacon's Opus tertium, opus minus und das Compendium philosophiae. Eine Uebersicht der Gesammtwerke giebt uns Dr. Leonhard Schneider in: Roger Bacon ord. min. Eine Monographie als Beitrag zur Geschichte der Philosophie des dreizehnten Jahrhunderts; Augsburg 1873, Kranzfeldersche Buchhandlung. Zu erwähnen ist noch als deutsche Arbeit H. Siebert: Roger Bacon, sein Leben und seine Philosophie; Marburg 1861 und das Werk des Franzosen Émile Charles: Roger Bacon, sa vie, ses ouvrages, ses doctrines; Bordeaux 1861. Charles scheint die Brewer'sche Ausgabe nicht zu kennen, wenigstens erwähnt er sie in seinem Werke nicht, obgleich sie mit den wichtigsten Fund enthält, das opus tertium, welches die wissenschaftliche Lehre Bacon's beleuchtet und uns auch endlich authentische Nachrichten über seine Person selbst giebt.

Als einschlägige Litteratur müssen wir noch erwähnen den Aufsatz: Roger Bacon, in den protestantischen Monatsblättern Band 27, 1866; einen Aufsatz von Émile Saisset in der Revue des deux mondes, 1861, pg. 361; in dem Journal des savants, 1848, einen Artikel von M. Cousin: Description d'un manuscript inédit de Roger Bacon, qui se trouve dans la Bibliothèque d'Amiens und in demselben Journal des savants, 1859: Sur l'opus majus de Roger Bacon etc. ...

Ehe wir zu unserm Thema selbst übergehen, möge es uns vergönnt sein, einige Notizen zum bessern Verständnis des Ganzen über Roger Bacon's Leben zu geben.

Kurze Notizen über Roger Bacon's Leben.

R. Bacon hat sein Leben hindurch leiden müssen unter den Verfolgungen, die ihm von Seiten seines Ordens bereitet wurden; freilich ist sein Name dadurch nicht ganz in Vergessenheit geraten, doch dauerte es bis zum sechszehnten Jahrhundert, ehe er wieder erwähnt wird. Leland [1]) sagt von ihm, dass er alle Zweige der Wissenschaft gründlich studiert habe. Dagegen urteilt Baleus [2]) in harter Weise über ihn; während Pits [3]) und Wadding [4]) einem freimütigeren Urteil Raum geben. John Dee zollt ihm schon Bewunderung und Naudé glaubt ihn gegen den Vorwurf der Magie verteidigen zu müssen in seiner Apologie pour les grandes hommes accusés de magie, 1712, pg 350.

Seine Biographen lassen uns in Unsicherheit über das Jahr seiner Geburt. Bacon selbst schreibt in einem Briefe an den Papst Clemens IV. im Jahre 1267, dass nunmehr vierzig Jahre vergangen, dass er angefangen habe das Alphabet zu lernen. Nach dieser Angabe nimmt man allgemein das Jahr 1214 als Geburtsjahr an. Obgleich er von reicher und edler Familie stammte, kannte er keinen höhern Ruhm, als sich dem Studium der Wissenschaften zu ergeben. So studierte er zuerst in Oxford. Hier wird folgender Charakterzug von ihm erzählt. Die unzufriedenen Barone in Oxford verlangten im Jahre 1233 vom Könige Heinrich III. die Entfernung des Bischofs von Winchester, Pierre des Roches (Peter de Rupibus), durch ihren Beschwerdeführer Robert Bacon. Nachdem dieser seine Rede voll-

---

1) Lelandi Antiquarii Collectanea II. pag. 288, — de Scriptoribus britannicis, pars I, pag. 214.
2) Baleus, script. Britt. cp. 4, pag. 342.
3) Relationum historicarum de rebus Anglicis, Paris 1619.
4) Annales ordinis Minorum. Lyon 1628, II pag. 293.

endet hatte, richtete ein junger Geistlicher folgende Frage an den König[1]:

Wissen Sie, Sire, was der Seemann am meisten zu fürchten hat, wenn er auf die Fahrt geht?

Das wissen die, entgegnete Heinrich, deren Geschäft das Reisen ist.

Wohlan, ich will es Ihnen sagen, es sind les pierres et les roches.

Von mehreren Biographen werden diese Worte dem jungen Roger Bacon zugeschrieben; freilich wäre es eine grosse Kühnheit von einem neunzehnjährigen Jüngling gewesen, also zum König zu reden. Doch hat Siebert in seinem „Roger Baco" pg. 8 entschieden Unrecht, wenn er sagt, dass der Chronist Matth. Paris, ein Zeitgenosse des Roger und Robert Bacon, diese Erzählung nur von letzterem gäbe, denn grade Matthäus Pariensis schreibt in seiner historia major, 1644, pg. 265: Quidam clericus de curia, scilicet Roger Bacon.

Bei der Jugend Roger Bacon's muss man wohl die Erzählung von ihm zurückweisen, aber innerliche Wahrheit behält sie jedenfalls. Denn während Thomas von Aquino als einzige rechtmässige Waffe gegen gottlose Fürsten den Gläubigen das Gebet empfiehlt[2], hält Bacon in seinem Civilrecht es für ein Grundrecht der Gesellschaft, einen unfähigen Fürsten abzusetzen und einen würdigeren zu wählen.

Im Jahre 1234 ging Bacon zu weiteren Studien nach Paris; er traf also dort zu einer Zeit ein, als schon Albert der Grosse seine ersten Triumphe feierte; trotzdem bleibt er unberührt von dem dortigen Leben; der Streit der Gelehrten um nichtige Fragen widert ihn an. Es ist ungewiss, zu welcher Zeit er in den Franziskaner-Orden eingetreten ist; Wood behauptet, noch vor seiner Abreise von Oxford, Leland aber und Wadding, während seines Aufenthaltes in Paris; nach Bale, Cave und Oudin ist er

---

1) cfr. Protestantische Monatsblätter Bd. 27, 1866.
2) Jourdain, la Philosophie de St. Thomas d'Aquin. Paris 1858. I, pag. 394.

jedoch erst bei seiner Rückkehr nach England Franziskaner geworden.

Trotz seines Ansehens als tüchtiger Lehrer in Oxford hatte er durch seine freimütige Sprache sich den Hass seiner Vorgesetzten zugezogen; er hatte deshalb mancherlei Maassregelungen zu erdulden, ja die Communication mit andern Gelehrten wurde ihm unter Androhung der Klosterdisciplin erschwert.

Die Päpste Alexander I. (1254—1261) und Urban IV. (1261 —1265) beachteten ihn nicht und von ihnen hatte er keine Unterstützung zu erwarten. Da bestieg im Jahre 1265 Guy le Gros (Guido Fulcodi), der schon früher als Mönch unsern Bacon kennen gelernt hatte, den päpstlichen Stuhl als Clemens IV. Jetzt durfte Bacon neue Wünsche hegen. Noch im Jahre 1267 schreibt er deshalb voll Jubels an Clemens IV.: Benedictus sit Deus et pater Domini nostri Jesu Christi, qui super solium regni sui principem exaltavit sapientem, qui de studio sapientiae cupit utiliter cogitare. Praedecessores quidem vestrae Beatudinis, aliis ecclessiae negotiis occupati, insuper contumacibus et tyrannis multipliciter gravati, animos ad studii regimen non laxarunt. Sed auctoritate Dei dextra virtutis vestrae vexillum triumphale de coelo laxavit, gladium exemit utrumque, contrarias partes in infernum dejecit, pacem restituit ecclesiae, omnibus fidelibus acquisivit laetitiae principatum, propter quod vestri sensus inexhausta profunditas tempus considerationibus opportunum sapientialibus magnifice praeparavit.

Schon im Jahre vorher 1266 hatte er von Clemens IV. ein Schreiben erhalten, welches ihn um Mitteilung seiner gemachten Studien ersuchte[1]).

---

1) Wadding giebt uns in seinen ann. min. p. II, pg 294, eine Abschrift dieses Briefes aus den Archiven des Vaticans, welche also lautet:

Dilecto filio fratri Rogerio dicto Bacon, Ordinis fratrum Minorum. Tuae devotionis litteras grataner recepimus, sed et verba notavimus diligenter, quae ad explanationem earum dilectus filius G. dictus Bonecor miles, viva voce nobis proposuit, tam fideliter quam prudenter. Sane ut melius nobis liqueat quid intendas, volumus, et tibi per Apostolica scripta praecipiendo mandamus, quatenus non obstante praecepto Praelati cujuscunque contrario,

Dem Wunsche des Papstes kam Bacon in kürzester Zeit nach. Trotz der grössten Schwierigkeiten, ja während er, wie er sagt, von seinen Vorgesetzten mit einer „ineffabili violentia" behandelt wurde, gelang es ihm noch im Jahre 1267 zuerst das opus majus, und bald darauf das opus minus und tertium dem Papste zu übermitteln. So gewann er denn auch in diesem Jahre durch Clemens seine Freiheit wieder. Doch starb sein Gönner schon im Jahre 1268.

Daher sehen wir ihn im Jahre 1278, als Hieronymus von Asculum unter dem Papst Nicolaus III. General der Minoriten wurde, wieder im Gefängnis. Dass Hieronymus, der später den päpstlichen Stuhl als Nicolaus IV. bestieg, ihm nicht günstig war, ist leicht erklärlich, da er ja selbst Bacon's Lehre [1]) auf Betreiben der Ordensbrüder zu Paris verurteilt hatte. Nach Antiqu. Univ. Oxon. pg. 138. 79 hat Bacon zehn Jahre im Gefängnis zugebracht. Wann er wieder freigekommen, ist nicht mit Bestimmtheit anzugeben, doch steht es fest, dass er im Jahre 1292, als er das compendium theologiae verfasste, sich in Oxford der Freiheit erfreute. Dieses Jahr wird auch als sein Todesjahr von Wood angenommen, während Jebb und nach ihm Dr. Schneider in seiner Schrift über Bacon das Fest des heiligen Barnabas im Jahre 1294 als seinen Todestag angeben. Bacon's Leichnam wurde in der Franziskaner-Kirche zu Oxford beigesetzt.

So war ein Mann geschieden, dessen Leben und Carriere durch den Hass seiner Ordensbrüder vergiftet war, ja dieser Hass lastete noch auf seinem Gedächtnis. Wenigstens erzählt uns Twyne, dass die Franziskaner, voll Erbitterung gegen die Werke ihres Ordensbruders, dieselben mit Nägeln auf die Diele geheftet hätten, um sie so der Vernichtung preiszugeben. Mag

---

vel tui Ordinis constitutione quacunque, opus illud, quod te dilecto filio Raymund de Lauduno communicare rogavimus in minori officio constituti, scriptum de bona littera nobis mittere quam citius poteris non omittas; et per tuas nobis declares litteras, quae tibi videntur adhibenda remedia circa illa, quae nuper occasione tanti discriminis intimasti: et hoc quanto secretius poteris facias. Datum Viterbii X. Cal. Julii anno II.

1) doctrinam-continentem aliquas novitates suspectas.

diese Angabe ja auch übertrieben sein, so finden wir darin doch eine Erklärung dafür, dass uns Bacon's Werke in Folge gänzlicher Vernachlässigung so wenig vollkommen überliefert sind. Vergessen in seiner Zeit als Philosoph, so dass er von keinem Gelehrten des dreizehnten oder vierzehnten Jahrhunderts citirt oder angegriffen wird, wurde ihm doch der Ruf eines Astrologen und Magikers bewahrt, obgleich er grade gegen die Magie so häufig in seinen Werken sich ausspricht.

Was sind doch die wirklichen Ursachen der Verfolgung, die auf Bacon so schwer geruht hat? Jebb citirt in seiner praef. ad op. majus einen Biographen, der ihn verurteilt werden lässt wegen seiner Ansichten über die Necromantie, wegen seiner Schrift de prognosticis ex siderum cursu und de vera astronomia. Es wird sich kaum leugnen lassen, dass Bacon's Widersacher aus diesen Schriften die Vorwände zu seiner Verurteilung gesucht haben — sonst aber war es wohl der Geist der Freiheit und der Reformen, den er geltend machte, die Kühnheit in seinem Auftreten gegen die berühmten Männer seiner Zeit, der klare Blick in der Beurteilung so mancherlei misslicher Verhältnisse der Religiosen, was ihm zum Verbrechen gemacht wurde, denn in seiner Schrift de mirabili potestate (Paris 1542) wendet er sich ja grade contra necromanticos, wenngleich es nicht zu bestreiten ist, dass er mit seiner ganzen Zeit ein Anhänger der Sterndeuterei gewesen ist [1]).

Da dieser Aberglaube ein Fehler seiner Zeit war und in allen Ständen viele Anhänger hatte, so kann ihm ein allzu grosser Vorwurf daraus nicht gemacht werden, aber freilich können wir einen gefährlichen Irrtum anführen, der auch wohl in Wadding's Worten: propter quasdam novitates suspectas enthalten sein soll, das ist Bacon's Uebereinstimmung mit der Ansicht der arabischen Astrologie, dass die Religionen und ihre Secten von der Conjunction der Planeten abhängen. Der Urheber dieser Idee ist Albumazar in seinem liber magnarum conjunctionum,

---

1) Op. maj. pg. 245.

Venetiis 1515. Darin sagt er: Die Religionen sind die notwendigen Resultate der astronomischen Phänomene. Die christliche Religion hängt von der Conjunction des Jupiter und Mercur ab, der Muhamedanismus von einer andern u. s. w., bis er zu dem Schlusse kommt: Die Conjunction des Jupiter und des Mondes wird das Zeichen zur Vernichtung eines jeden religiösen Glaubens sein. Das Horoscop der Religionen wurde natürlich von den Repräsentanten der damaligen Orthodoxie mit Recht verurteilt. Bacon hatte aber das Unglück und die Unvorsichtigkeit, mit ungenügendem Vorbehalt diese Irrtümer aufzunehmen; so spricht er es offen aus, dass die jüdische, chaldäische, egyptische, arabische, und christliche Religion der Conjunction der Planeten unterworfen sind, wenn wir in seinem Op. tertium, cp. 56 lesen: Ideo ostendo quomodo astronomi revolvunt sectas principales sex, scilicet sectam Saturni, quae est Judaeorum, sectam Martis, quae est Chaldaeorum, sectam Solarem, quae est Aegyptiorum, sectam Veneris, quae est Saracenorum, et sectam Mercurialem, quae est plena sapientia, et doctrina, et eloquentia; super quibus attestatur Mercurius, qui vocatur Dominus sapientiae et eloquentiae et non dominatur nisi in Virgine: et haec est lex Christiana, sicut ipsi declarant, quae est plena omni sapientia et eloquentia, et est propheta qui natus est de Virgine. Et secta Lunae principis foedi et maligni, et haec est secta Antichristi. Pono igitur hic magnam astronomiae potestatem secundum conjunctiones planetarum; et adepto eas ad sectas, prout astronomi faciunt. Et licet aliqua sint difficilia eis, qui non audiverunt astronomiam, tamen propter seriem persuasionis pono quae necessaria sunt; atque sententia satis potest a quolibet in summa deprehendi. Et hic invenitur tempus destructionis Machometi; quod probo per philosophiam, et per Apocalypsim, et per effectum, quod valde considerandum est, et magnum gaudium Christianis.

Wir sehen uns genötigt, diese Irrtümer als das Grab zu Bacon's Freiheit anzusehen, denn in Betreff seiner Rechtgläubigkeit ist ihm nichts vorzuwerfen; beweist sich doch sein Glaube in allen seinen Worten, wie er ja auch dem päpstlichem Stuhle unbedingt ergeben und gehorsam war. Aber freilich dürfen wir auch nicht vergessen, dass es ihm in jener Zeit von seinen Ordensbrüdern wohl zum Verbrechen angerechnet ist, dass er ihr Interesse den Dominikanern gegenüber nicht vertrat. Darin scheint er seine Zeit nicht verstanden zu haben, denn um damals in Ansehn zu stehen, musste man im Namen und Interesse einer Körperschaft reden. Als ein Jünger des heiligen Franziskus hätte er mit ganzer Kraft für diesen mächtigen Orden eintreten müssen, dann hätte ihn dieser gewiss auch bei seiner wunderbaren Begabung hochgeschätzt und mit Stolz dem Dominikaner Thomas von Aquino gegenübergestellt. Statt dessen geisselt er mit unerbittlicher Strenge die Gebrechen seiner Zeit und verschont bei seiner Freimütigkeit. Sittenstrenge und Energie auch nicht seine Ordensbrüder. Schliesst er sie doch mit ein, wenn er schreibt: Consideremus religiosos, nullum ordinem excludo. Videamus quantum ceciderunt singuli a statu debito, et novi ordines jam horribiliter labefacti sunt a pristina dignitate. Totus clerus vacat superbiae, luxuriae et avaritiae. Et ubicunque congregantur clerici, sicut Parisiis et Oxoniae, bellis et turbationibus et caeteris vitiis scandalizant totum populum laïcorum. Principes et barones et milites premunt et spoliant se mutuo, et populum subjectum confundunt bellis et exactionibus infinitis .... non curatur quid fiat, nec quomodo, seu per fas seu per nefas, dummodo quilibet suam expleat voluntatem (Comp. stud. philos. ed. Brewer, pg. 399).

Bei solchen Angriffen, die Bacon selbst auf Alexander von Hales, den Stolz der Franziskaner, den Doctor irrefragibilis ausdehnte, konnte er von seinen Ordensgenossen keine Liebe erwarten. Als der Hass sich gegen ihn entzündete, wer sollte ihn gegen seine vielen verbündeten Feinde verteidigen? Es ist klar, dieser allgemeine Angriff war sein Unglück; seine Feinde standen gegen ihn auf, da er es nicht verstand, bei so grossen Ideen die einem Reformator so nötige Ruhe zu bewahren.

Chronologische Uebersicht der Werke Bacon's und Angabe der Schriftsteller, aus denen er geschöpft.

In der Einleitung ist schon bemerkt worden, dass Dr. Schneider eine vollständige Uebersicht über die Werke Bacon's in seiner Monographie gegeben hat, deshalb erübrigt es nur die hauptsächlichsten in chronologischer Reihenfolge aufzuführen.

Vor dem Jahre 1263 hat Bacon geschrieben:
1) die unter dem Titel: de mirabili potestate vereinigten Werke;
2) die Commentare über die Physik und Metaphysik;
3) die Abhandlungen de termino paschali und de temporibus a Christo.

Im Jahre 1263 entstand der Computus naturalium. Im J. 1267 verfasste Bacon das opus majus und opus minus, 1267 bis 1268 das opus tertium; 1272 das Compendium philosophiae; 1276 die Abhandlung de retardandis senectutis accidentibus und 1292 das Compendium studii theologiae. Diese seine Schriften gründen sich hauptsächlich auf die umfassenden Studien, die er gemacht. Vor allen Philosophen schätzt er den Aristoteles hoch, obgleich er ungern hinzufügen muss: Theologi Parisiis et episcopus et omnes sapientes jam ab annis circiter quadraginta damnaverunt et excommunicaverunt libros naturales et metaphysicae Aristotelis (Op. tert. cp. 9).

Er citiert des Aristoteles Organon und kennt die Schriften desselben über die Dichtkunst und Rhetorik. In der Physik erwähnt Bacon die Schriften de coelo, de meteoris, de generatione et corruptione, de anima, parva naturalia, de historia animalium, problemata. Ebenso ist ihm die Ethik und die Politik bekannt; freilich schreibt er ihm auch einige apokryphische Werke zu, z. B. liber de regimine vitae, liber de impressionibus coelestibus, liber secretorum, liber de rebus inanimatis, liber sex principiorum.

Nächst Aristoteles schätzt Bacon den Avicenna, welchen er „dux et princeps philosophorum" nennt. Während er ihn teilweis entlehnt und besonders die Einteilung der Wissenschaften von ihm nimmt, fühlt er sich doch auch veranlasst, denselben häufig seiner Kritik zu unterwerfen. Von den Werken des Avicenna nennt er: liber sufficientiae (dies ist wohl die Uebersetzung für das grosse Werk A schefa), liber dependentium (Al nadjah), liber artis medicinae, radices moralis philosophiae, de anima.

Bei seiner Verehrung für Averroes, dessen Schriften de substantia orbis und liber rerum mundi er citiert, schreibt er dennoch über denselben in Comm. natur.: Duo sunt de erroribus suis magnis (Averrois) licet enim in multis dicat optime, tamen in quibusdam turpiter errat, ut patet de unitate intellectus in omnibus, et in quibusdam aliis, sicut ubique noto hoc, ubi opportunum. Per eum scire possumus, quod nihil est perfectum in humanis inventionibus, et credendum est, quod ea, quae bene scripsit, accepit ab aliis, propter pingues errores, quos ex sensu proprio interserit. Nam nunquam homo sic fundatus, ut scriptura sua declarat, posset ita turpiter errare, si ex suo sensu tam nobilia scripta emanerent. Seneca wird so hoch von Bacon geschätzt, dass er dessen Werke eben so gern wie die Bibel in den Händen der Kinder sähe; von den Werken desselben kennt er einzelne Briefe, die quaestiones naturales, und die Tractate de ira und de clementia. Andre Werke, die er demselben zuschreibt, sind apokryph.

Fast scheint es, als ob Bacon von den griechischen Philosophen nur Aristoteles gekannt hat, obgleich er den Democrit, Xenophon, Parmenides, Empedocles und Plato erwähnt.

Von Cicero's philosophischen Schriften werden folgende in Bacon's Werken citiert: de divinatione, de partitionibus oratoriis, Paradoxa Stoicorum sex, Laelius sive de amicitia, Cato major seu de senectute, de natura Deorum, Tusculanarum quaestionum, de officiis, Hortensius. Er kennt sämmtliche Werke des Boethius, citiert Algazel und Alpharabius, erwähnt die Schriften des Apulejus von Madaura de dogmate Platonis und de Deo Socratis.

Von den Philosophen des Mittelalters erwähnt er: Anselm, Hugo und Richard von St. Victor, Petrus Lombardus, Alexander von Hales, Albert den Grossen, Thomas von Aquino, Edmond Rich, Michael Scot, Alanus und viele andere.

Von Uebersetzern kennt Bacon: Boethius als Uebersetzer des Aristoteles und Hieronymus, der freilich nach Comp. Philos. cp. 9 die Bibel mit vielen Fehlern übersetzt hat. Von Zeitgenossen [1]) nennt er hier: Gerard von Cremona, Alfred von England, Hermann von Deutschland (?), Michel Scot, Wilhelm von Flandern, über die er wegen schlechter Arbeiten durchweg scharf urteilt.

Folgende Grammatiker werden angeführt: Priscianus, Donatus, Servius (Commentator des Vergil), Papias (c. 1063), Huguico Brito (de Etymologiis vocabulorum sacrae scripturae) und andere.

Gross ist die Zahl der Mathematiker, die Bacon bekannt sind: Archimedes kannte er aus einer lateinischen Uebersetzung; Hipparch nennt er Abraxis, da er über ihn wohl Kenntnis bekommen hat aus arabischen Arbeiten; die Arbeiten des Ptolemäus besass er in der Uebersetzung des Gerardus von Cremona, wie Euclid in den Uebersetzungen seiner Zeitgenossen Adelardus und Campano de Novarra. Auch erwähnt er de sphaeris von Theodosius (z. Z. Caesar's) und Boethius über Geometrie, Arithmetik und Musik, auch Beda venerabilis und Jordanus (liber trium fratrum, welches von der Geometrie handelt, c. 1230).

Vor allen andern aber werden Araber citiert, z. B.: Alpharabius (de motu coelorum), Albategni, Alphagranus, Messahalac (de causis orbis), Albumazar (liber conjunctionum, liber de floribus, Majus introductorium), Altavicus (liber de scientia) und viele andere.

Ebenso erwähnt Bacon die Namen von Gelehrten, die über Optik geschrieben haben, auch über Medizin wie Avicenna (de arte medicinae) und Haly (de regimine senum). Bei seinen geographischen Studien erwähnt er Sallust, den älteren Plinius,

---

1) Comp. Phil. cp. 10: Omnes fuerunt temporibus nostris; ebenda: Hermannus quidem Allemannus adhuc vivit.

Flavius Josephus, Hegesippus (de subversione Jerusalem), Isidorus und die Kosmographie des Ethicus. Auch sind ihm die meisten römischen Historiker bekannt, wie auch die Kirchenväter Hieronymus, Augustinus, Ambrosius, Cyprian, Johannes Damascenus und Origines. Fügen wir hierzu noch die Dichter Homer, Vergil, Terentius, Horatius und Ovid, so sind im Allgemeinen wohl die meisten Schriftsteller aufgezählt, auf die sich Bacon in seinen Werken beruft und die er citiert.

Roger Bacon's Fundamentalforderungen für die Wissenschaften.

Wohl selten sind so verschiedene Urteile laut geworden, wie über das Mittelalter. Während von einer Seite diese Zeit als die dunkelste in allen Beziehungen hingestellt wird — fehlen auch nicht Männer, die sie über Gebühr erheben. Im Allgemeinen hat man sich wohl dahin geeinigt, das dreizehnte Jahrhundert auszusondern und dasselbe als das goldene Zeitalter dieser Periode hinzustellen. Die Wissenschaft erhebt sich kühn zu neuem Flug durch das Aufleben des Universitätswesens und besonders dadurch, dass die abendländischen Gelehrten mit den sämmtlichen Schriften des Aristoteles bekannt wurden. Die erste Bekanntschaft mit denselben war durch die Araber und Juden vermittelt; nicht lange nachher kam aber auch der griechische Text derselben, besonders aus Constantinopel, nach dem Abendlande und wurde daselbst direct ins Lateinische übertragen. Sporadisch hatte schon früher die Wissenschaft der Araber Einfluss auf die christlichen Scholastiker geübt, wie solches z. B. bei Gerbert und Adelard von Bath der Fall war. Um 1150 übersetzten Johannes Hispalensis und Dominicus Gundisalvi aus dem Arabischen mittelst des Castilischen ins Lateinische auf Geheiss des Erzbischofs Raymund von Toledo die Hauptwerke des Aristoteles nebst physischen und metaphysischen Schriften des Alfarabi, Avicenna und Algazel, wie auch das Buch des Avicebron: fons vitae. Auch das Buch de causis verbreitete sich in lateinischer Uebersetzung als aristotelisches Werk schon bald nach 1150, und hat, wie wir wissen, schon auf die Darstellungsweise des Alanus Einfluss gehabt. Bald darauf wurde auch die sogenannte Theologia Aristotelis in lateinischer Uebersetzung bekannt, und dass diese Schrift nebst der fons vitae des Avicebron und dem Buche de causis auf Amalrich und David von Dinanto Einfluss geübt habe, dürfte unstreitig sein. Im Anfang des dreizehnten Jahrhunderts aber wurde die Bekanntschaft mit den aristotelischen Schriften allgemein. In Folge dessen wurde nun die gesammte aristotelische Philosophie in die theologischen Schulen aufgenommen. Die christliche Gedankenarbeit, hierdurch angeregt, erzeugt bewunderswerte grosse Werke. Es ist natürlich, dass viele Fehler mit unterliefen bei der ganz neuen Methode, die Wissenschaft zu behandeln. Heute darüber ein Urteil zu fällen und die Fehler aufzudecken, ist keine schwere Sache — aber für einen Zeitgenossen jener Periode, der da Zeuge war der grossen Bewegung der Geister, genährt mit ihren Ideen, der die angesehendsten Männer dafür eintreten sah, wäre es eine kühne That gewesen. Die Anklagen, die in den drei letzten Jahrhunderten gegen das Zeitalter der Scholastik erhoben sind, haben dennoch damals schon einen Vertreter gefunden, sie werden klar angedeutet durch einen Franziskaner-Mönch, einen Zeitgenossen Alberts und des heiligen Thomas, durch den Lehrer der Philosophie Roger Bacon.

Er spricht es offen aus, die Wissenschaft seines Zeitalters kann keine grossen Fortschritte machen, da sie brach gelegt und untergraben wird in ihrer freien Forschung durch die unbedingte Autorität und das übertriebene Vertrauen, welches nicht nur bestimmten Lehren, sondern auch einzelnen angesehenen Männern gezollt wird, durch den Mangel an Gedankenfreiheit in Dingen, wo nicht der Autoritätsglaube das Feld behaupten darf, sondern die Vernunft herrschen muss. Fünfundzwanzig Jahre hindurch fordert er immer wieder in seinen Schriften und vom Katheder das Recht der Freiheit im Denken, indem er selbst mit kühnem Beispiel vorangeht. Er versucht es die zeitgenössischen Irrtümer aufzudecken, bleibt aber nicht hierbei stehen, sondern weist die Quelle nach, aus der sie entstanden sind [1]).

Unerprobte Autorität, die Herrschaft der Gewohnheit, die abergläubische Thorheit des grossen Haufens und die Eigenliebe der Gelehrten, die ihre Unwissenheit zu verbergen suchen, sind die quattuor causae pestiferae erroris humani, deren Ausführung Bacon in seinem Comp. Studii das ganze dritte Capitel widmet, indem er sich für seine richtige Ansicht auf Seneca, Cicero, Aristoteles, den Propheten Jeremias und den Apostel Judas beruft, wenn er folgende Worte des Letzteren anführt: diese aber lästern, da sie nichts von wissen; was sie aber natürlich erkennen, darinnen verderben sie, wie die unvernünftigen Tiere; sie sind Wolken ohne Wasser, von dem Winde umgetrieben, kahle unfruchtbare Bäume, zweimal erstorben und ausgewurzelt, wilde Wellen des Meeres, die ihre eigene Schande ausschäumen, irrige Sterne, welchen behalten ist das Dunkel der Finsternis in Ewigkeit.

So hat Bacon treffend die Krankheit der Scholastik gekennzeichnet, an der sie zu Grunde gegangen, es ist das Denken ohne Freiheit d. h. der Wissenschaft fehlt die rechte Methode.

Ohne Zweifel, sagt er, muss man die Alten anerkennen und ihnen den schuldigen Dank nicht vorenthalten, da sie uns den Weg gebahnt haben, aber wir dürfen nicht vergessen, dass sie Menschen wie wir waren und sich mehr als einmal geirrt

---

1) Indem Bacon den gemeinsamen Ursprung dieser Abirrungen bezeichnen will, sagt er: Sunt fragilis auctoritatis exempla, consuetudinis diurnitas, et sensus multitudinis imperitus, atque praesumptio humanae mentis, qua quilibet nititur suae imperitiae solatium quaerere, et ea quae nescit, aut non approbare aut reprobare, et illud modicum quod scit vel aestimat scire, licet nesciat, gaudet imprudenter ostentare`.... semper utimur tribus argumentis pessimis pro omnibus, quae facimus et dicimus: scilicet hoc exemplificatum est, hoc consuetum est, hoc vulgatum est, ergo faciendum est (Op. tert. cp. 22). Aehnlich spricht er sich im Comp. stud. phil. cp. 2 aus: homines nolunt audire contraria suis aestimationibus, sed reputant dementiam, si aliquis obviet erroribus consuetis; et per haec excluditur veritas et magnificentia sapientiae, et contemnitur omnis ejus utilitas. Et hoc fit propter inconsiderationem impedimentorum sapientiae his diebus.

haben .... selbst Aristoteles hat nicht Alles gewusst .... er hat nur geleistet, was ihm möglich war für seine Zeit „secundum possibilitaten temporis sui". Hat doch auch Avicenna sich schwere Irrtümer zu Schulden kommen lassen und Averroes bietet der Kritik mehr als einen wunden Punkt[1]). Auch die Heiligen sind nicht unfehlbar, sie haben sich oft getäuscht, oft widerrufen, wie Augustinus, Hieronymus und Origines beweisen.

„Es ist ein trauriger Beweis sich auf Herkommen und Tradition zu berufen, zu sagen, dies ist eine von unsern Vätern, durch die Gewohnheit und allgemeine Zustimmung anerkannte Wahrheit, also muss man sich ihr unterwerfen; vielmehr folgt aus solchen Prämissen grade das Gegenteil"[2]). „Ja überall, wo solche Vorurteile vorherrschen, wird die Vernunft irre geführt, das Urteil beeinträchtigt, den Gesetzen Gewalt angethan, die Ordnung untergraben, das Laster siegt, der Irrtum regiert und die Wahrheit verschwindet"[3]).

Doch will Bacon hiermit nicht falsch verstanden sein, denn er verwahrt sich hinwiederum: „Ich rede keineswegs von der wahrhaften Autorität, welche der Wille Gottes in die Hand der Kirche gelegt hat, oder welche die heiligen Philosophen und Propheten sich erworben haben durch die Ausschliesslichkeit ihres Verdienstes; sondern von der Autorität, welche viele sich anmassen ohne Gottes Willen, nicht durch den Ruf ihrer Weisheit, sondern allein durch den Wunsch einen Namen zu haben.

„Auch ist nichts verderblicher als die Meinung der Menge, sie ist jedem Fortschritt ein Hindernis. Die Menge verliess den Herrn bei seiner Kreuzigung und schrie, nachdem sie zwei Jahre lang seine Predigt gehört hatte: Kreuzige ihn. Was von der

---

1) Op. maj. pg. 10.
2) Comp. stud. theol. cp. III: sed oppositum conclusionis multo magis sequitur ex praemissis. Scimus enim quod multitudo generis humani semper erravit tam in philosophia quam in divina sapientia, et illi, qui ecclesiae Romanae sunt subjecti, et tota multitudo ut Pagani, Idololatres, Saraceni, Tartari, Haeretici, Schismatici, respectu quorum cultores veri christianae fidei sunt valde pauci.
3) Op. maj. pg. 3.

Menge gebilligt wird, ist notwendigerweise falsch; quod pluribus, hoc est vulgo, videtur, oportet quod sit falsum."

Dieser Hass und die Voreingenommenheit gegen das Volk (stultum vulgus) ist eine bezeichnende Charaktereigentümlichkeit Bacon's, drückt er sich doch im Comp. theol. cp. 1 noch härter über dasselbe aus, wenn er sagt: non oportet magaritas spargi ante porcos.

Aber noch mehr entbrennt er in seinem Zorn gegen die thörichten Leiter des Volkes (capita vulgi); er klagt sie der Unwissenheit an, ja macht ihnen sogar den Vorwurf, dass sie absichtlich einen Fortschritt in den Wissenschaften verhindern wollen, die sie nicht beherrschen, und am liebsten eifrige Forscher in der Philosophie mit Wort und That verfolgen. Daher seien auch alle Apostel der Wahrheit verfolgt worden: Aristoteles litt unter vieler Verleumdung, Avicenna wurde verfolgt, Averroes Ruf ward untergraben; ja wer nur den Fortschritt der Wissenschaft predigt, hat von jeher Widerspruch und Hemmnis erfahren, aber stets hat die Wahrheit gesiegt und wird siegen bis an's Ende aller Dinge (Op. maj. pg. 13).

Was Bacon im Ganzen hier ausgesprochen hat, sind einfache Wahrheiten, die heut wohl kaum mehr bestritten werden. Die Freiheit ist eben wesentlich für die Entwicklung des menschlichen Geistes, sie verträgt keinen Zwang; ohne Freiheit des Denkens ist ein wissenschaftlicher Fortschritt unmöglich. Trotz dieser unwidersprechlichen Wahrheit ist dennoch Bacon in seiner Zeit der einzige, welcher absolut das Recht der Freiheit des Denkens fordert.

Und was er fordert, vertritt er nicht nur in der Theorie, sondern durch sein Leben. Tote und Lebende, Philosophen und Väter der Kirche greift er unnachsichtlich an, wenn sie ihre Lehren gleich Gesetzen dem Volk aufbürden wollen. Denn selbst nach dem Dogma der Kirche sind die Heiligen nur Menschen, die sich irren konnten, warum sollen sie also mehr Anspruch auf Unfehlbarkeit haben als die heidnischen Philosophen; desshalb muss man auch ihre Urteile prüfen und vor ihren Irrtümern sich hüten. Aristoteles ist ganz gewiss ein grosser Philosoph und wird von keinem der Neueren erreicht, dennoch hat man aber die unbestreitbare Pflicht seine Ansichten zu prüfen, seine Fehler aufzudecken und das zu ergänzen, was er übersehen hat; denn wenn auch Aristoteles und andre gelehrte Männer den Baum der Wissenschaften gepflanzt haben, so hat er doch noch nicht alle Zweige und Früchte getrieben.

Bacon giebt es nicht zu, dass seine Zeit bereits alle Werke des Aristoteles besitze, oder dass sie auch nur die Fragmente, die von ihm vorhanden sind, wirklich verstehe. Warum thut er dies? Er unterscheidet hiermit den wahren, ganzen Aristoteles, vor dem er sich beugt, von dem, den die schlechten Uebersetzungen unverständlich gemacht haben. So ist es ihm leicht, Aristoteles zu widersprechen und zu widerlegen, ohne doch über Aristoteles, den er sehr hoch schätzt, abfällig urteilen zu müssen. Ich zweifle nicht, sagt er, es würde für die Lateiner besser gewesen sein, wenn die Philosophie des Aristoteles niemals übersetzt worden wäre, als dass sie jetzt nur eine durch Irrtümer entstellte Uebersetzung haben [1]).

Es ist doch zu bewundern, dass Bacon mit aller Freimütigkeit so kühn in einer Zeit spricht, wo Aristoteles über Alles geschätzt wurde; dass er mit seinem Urteil nicht zurückhält, da Albert der Grosse, der doctor universalis, sein Leben daransetzt der Philosophie des Aristoteles zu folgen, da Thomas von Aquino, der doctor angelicus, denselben zum Führer genommen, um mit seiner Hilfe den Glauben und die katholische Orthodoxie zu befestigen. Und hat Bacon mit seinem Urteil nicht Recht gehabt? Wohl stand die Gesammtheit der aristotelischen Schriften Albert dem Grossen zur Verfügung, teils durch arabisch-lateinische, teils auch durch griechisch-lateinische Uebersetzungen; er

---

1) Op. tert. cp. 25: Male et pessime transtulerunt et conturbaverunt totam philosophiam per perversitatem translationis. Et maxime libri Aristotelis sunt destructi per hoc, qui tamen aestimantur in philosophia tenere principatum. Nemo potest scire, quid velit dicere, quia quod unus dicit alius negat.

benutzte auch alle Mittel, um den richtigen Text zu ermitteln, aber häufig will es ihm nicht gelingen und so sieht er sich genötigt, in der Erklärung desselben vorzugsweise dem Avicenna zu folgen. Wie unsicher Albert auch sonst in der griechischen Philosophie war, ist daraus ersichtlich, dass er z. B. Plato als princeps Stoicorum, Zeno den Eleaten als Stifter des Stoicismus bezeichnet. Freilich hat Bacon damals nicht wissen können, dass die schlechten Uebersetzungen der Philosophie seiner Zeit vielleicht mehr gedient als geschadet haben. Denn wäre die Lehre des Aristoteles von der Ewigkeit der Welt, welche er auf Grundlage seiner metaphysischen Principien zu beweisen sucht, bekannt gewesen, oder die Ansicht desselben, nach der er die Unsterblichkeit der Seele in Abrede zu stellen scheint und nur sagt, dass zwar der (thätige) Verstand unsterblich sei, dass aber demselben nach dem Tode keine Erinnerung bleibe d. h. dass ihm kein individuelles Denken und Bewusstsein zugeschrieben werden könne, ja dass der Tod das Furchtbarste sei, weil er das Ende von Allem sei, und des Verstorbenen jenseits des Grabes weder Gutes noch Böses warte — wären diese Lehren genau bekannt gewesen, so hätte man den Aristoteles wohl gänzlich aus den Schulen verbannt und die Philosophie wäre durch ein Verdict getroffen in ihrem vorzüglichsten Repräsentanten.

Gleichwie Bacon streng im Urteil gegen die Autoritäten aus früherer Zeit ist, so wendet er sich noch mehr gegen seine Zeitgenossen mit ihrer Meinung, dass die Philosophie in ihrer Zeit die höchste Vollkommenheit erreicht habe [1]).

Besonders sind es zwei Männer, gegen die er sich wendet und die er häufig duo moderni gloriosi nennt. Einen derselben greift er hauptsächlich in verschiedenen Capiteln des opus tertium an. Er ist unwillig über den Einfluss desselben und zürnt

---

1) Op. tert. cp. 9: aestimatur a vulgo philosophantium et a multis, qui valde sapientes aestimantur, et a multis bonis viris, licet sint decepti, quod philosophia jam data sit Latinis, et completa et composita in lingua latina, et est facta in tempore meo et vulgata Parisiis et pro authore allegatur compositor ejus, etc. . . .

ernstlich darüber, dass er angeführt wird wie das Evangelienbuch. Nach Bacon's Urteil besitzt derselbe mehr Ansehn als Aristoteles, Avicenna, Averroes, ja selbst als Christus in seiner Zeit, trotzdem er der Philosophie mehr geschadet haben soll als alle lateinischen Philosophen zusammen. Er sagt von ihm im Op. tert. cp. 9: habuit in vita sua auctoritatem, quod nunquam homo habuit in doctrina. Nam Christus non pervenit ad hoc, cum et ipse reprobatus fuerit cum sua doctrina in vita sua. Nach M. Cousin im Journal des Savants, Avril, 1848 ist dieser angegriffene Gelehrte Albert der Grosse, und diese Ansicht bestätigt sich auch aus dem Op. min.; der zweite aber ist Alexander von Hales. Andre nennen statt Albert auch Thomas von Aquino; doch muss man dieser Ansicht wohl widersprechen, denn zu jener Zeit hatte Thomas noch nicht solch grosses Ansehn, dass Bacon's Aussprüche auf ihn Anwendung finden könnten.

Wogegen kämpft nun Bacon an, wenn er in so ausführlicher Weise die quattuor pestiferae causae erroris humani schildert? Er kämpft gegen die usuelle Gewohnheit der Scholastik in der Behandlung der Wissenschaft; diese ist schlecht und bedarf der Erneuerung, wenn die Wissenschaft neue Erfolge zeitigen will; das ist sein stetes Urteil, darauf kommt er immer wieder zurück [1]).

Er selbst nennt vier notwendige Bedingungen als Grundfragen bei der Behandlung einer Wissenschaft:

1. Man muss sich Rechenschaft geben von ihrer Wichtigkeit und von ihrem Nutzen;
2. ihr Object und ihren Umfang bestimmen, um nicht in derselben Unnötiges zu behandeln oder Nötiges zu übergehen;
3. die beste Methode für ihre Behandlung suchen;
4. Vermeiden, was ihrer Behandlung hinderlich sein kann [2]).

---

1) cfr. praefatio de communibus naturae; cap. I perspectivae; in fine de communibus mathematicae.

2) Compend. Phil. cp. 1: primum vero est, ut consideremus, quae sint causae et rationes propter quas debet omnis homo, et necesse est ei, ut

Wenn Bacon bei Punkt 3 sagt: quia est modus in rebus omnibus, quo qui caret nunquam ad finem debitum alicujus rei poterit pervenire, so wissen wir wohl, dass er sich damit gegen die Scholastik mit ihrem Autoritätsprincip und ihren hierauf gegründeten Speculationen wendet. Er will der Wissenschaft ein neues Fundament geben, das der Empirie (experientia). Hierüber spricht er sich sehr klar aus[1]): Bei jeder Untersuchung muss man die möglichst beste Methode anwenden. Vor allem soll eine gute Teilung hergestellt werden, dazu gehört, an den ersten Platz zu setzen, was naturgemäss den Anfang beansprucht, zu sondern das Leichtere von dem Schwereren, das Allgemeine von dem Besondern, das Einfache von dem Zusammengesetzten, und in Rücksicht auf die Kürze des Lebens sollen nur die für das Studium nützlichsten Objecte ausgewählt werden. Dass aber diese Forderungen erfüllt werden, dass die Wissenschaft dargelegt werde mit gänzlicher Sicherheit und Klarheit, ohne Zweifel und Dunkelheit, ist nur möglich vermittelst der Empirie.

Wenn Bacon so die Empirie als Haupterkenntnisquelle hinstellt, so nennt er doch andrerseits auch, freilich mit Beschränkung, die Autorität und die Vernunft. Denn er fährt fort: die Autorität aber hat wenig Einfluss, wenn sie nicht Gründe angiebt (non sapit, nisi datur ejus ratio), sie lässt nichts wissenschaftlich erkennen, sondern nur glauben; die Vernunft aber kann den Trugschluss von der Demonstration nur unter-

---

semper vacet sapientiae, scilicet aut in speculatione aut in executione et usu ejus, pro se et aliis dirigendis. Secundum vero est, ut quaerens sapientiam, sciat considerare, quae sint necessaria ad ea quae sunt de ejus integritate, ne confluatur vanitate superflua, et membris sapientiae langueat mutilatus. Tertium est, ut negotiator sapientalis percipiat modos et vias, quibus eam debet requirere, et promovere, et perficere, tam in opere quam scientialiter. Quia est modus in rebus omnibus, quo qui caret nunquam ad finem debitum alicujus rei poterit pervenire. Quartum est, ut sciat prudenter advertere impedimenta sapientiae, et efficaciter vitare illa, remediis exquisitis.

1) Comp. stud. phil. pg. 397.

scheiden, wenn die Schlussfolgerung durch die Erfahrung und Praxis bewiesen wird[1]).

Bacon ist durch solche Erörterungen der Erste geworden, welcher der scholastischen Methode die Empirie gegenüberstellt[2]). Ein andermal spricht er wiederum nur von zwei Erkenntnisweisen, wenn er im Op. maj. pg. 199 schreibt: duo sunt modi cognoscendi, scilicet per argumentum et experimentum; argumentum concludit et nos facit concludere quaestionem, sed non certificat neque removet dubitationem, ut quiescat animus in intuitu veritatis.

Die Empirie selbst findet aber in doppelter Form statt: einmal durch die äussern Sinne; doch ist diese nicht genügend, da sie über den Geist selbst nichts offenbaren kann. Deshalb muss ihr die innere Erleuchtung, eine Art göttlicher Inspiration, zu Hilfe kommen. Man könnte sich leicht verleiten lassen, durch die Worte illuminationes interiores, divina inspiratio dem Bacon eine Neigung zum Mysticismus zuzuschreiben. Doch hat sich ja aus seiner ganzen Richtung auf das Practische schon ergeben, dass er hiervon weit entfernt ist. Wir werden die wunderbare Zusammenstellung von illuminatio und experientia aber sehr wohl verstehen, wenn wir kurz seine Lehre vom intellectus agens berühren. Dieser Intellect (intellectus agens) ist nicht ein Teil der Seele, sondern eine intellective Substanz, wohl unterschieden in ihrer Wesenheit vom intellectus possibilis[3]). Seine Wirkungs-

---

1) Op. tert. pg. 6: intellectus noster se habet ad ea, quae in sua natura manifestissima sunt, sicut oculus vespertilionis ad lucem solis, ut summus philosophorum Aristoteles contestatur.
2) cf. Op. maj. p. 445.
3) Op. maj. p. II cp. 5: philosophi ponunt intellectum agentem et possibilem, anima vero humana dicitur ab iis possibilis, quia de se impotens ad scientias et virtutes et eas recipit aliunde. Interius agens dicitur, qui influit in animas nostras, illuminat ad scientiam et virtutem; quia licet interius possibilis possit dici agens ab actu intelligendi, tamen sumendo intellectum agentem vocatur influens et illuminans possibilem ad cognitionem veritatis. Et sic intellectus agens secundum majores philosophos non est pars animae, sed est substantia intellectiva et separata per essentiam ab intellectu possibili.

weise ist gleich dem Ausgiessen des Sonnenlichts; die Seele erfasst die absolute Wahrheit nur in einem Licht, durch welches sie erleuchtet wird, das nicht von ihr selbst ausgeht, sondern eine durchaus göttliche Klarheit ist. Wenn Bacon also diese Art der illuminatio mit der Empirie verbindet, so behauptet er, dass die Sinne allein nichts erkennen können, sondern die Abstraction des erleuchtenden intellectus agens tritt in den intellectus possibilis, welcher sich zum Wissen potentiell verhält und diese Abstraction erst erfasst, wenn er vom intellectus agens erleuchtet ist.

Diese Erleuchtung wiederum kann nur eintreten und vollkommen sein, wenn der Philosoph sich auch durch Reinheit des Lebens auszeichnet, denn malus est ignorans; so ist Moraliät die Bedingung zur ergebnisreichen Beschäftigung mit der Wissenschaft, wie umgekehrt die Tugend das Resultat des Wissens ist[1]).

Die speculative Philosophie, fährt Bacon fort, will durch Argumente vorschreiten, aber sie stützt sich nur auf allgemeine Beweismittel (loci communes) oder auf die Autorität, welche selbst nur ein allgemeines Beweismittel ist (Op. maj. 477); die Experimentalwissenschaft allein ist es, welche uns über die Mächte der Natur, die Hilfsmittel der Kunst, die Zaubereien, Beschwörungen, Anrufungen und Exorcismen Aufschluss giebt; so entdecken wir die Wahrheit, welche sich dort bei aller Lüge finden kann; durch diese Wissenschaft allein können die Betrügereien der Magiker widerlegt werden. Drei grosse Vorzüge besitzt dieselbe im Verhältnis zu den andern Wissenschaften; dass sie alle Schlüsse der Letzteren prüft[2]), dass sie in das Gebiet derselben eindringt und Wahrheiten eruiert, zu deren Auffindung und Feststellung sie allein die geeigneten Mittel besitzt[3]), dass sie keine Rücksicht zu nehmen braucht auf ihr Ver-

---

1) Comp. Phil. 402: qualis homo est in vita, talis est in studio; 460: in malevolam animam non introibit sapientia nec habitabit in corpore subdito peccatis; 402: impossibile est, quod sapientia stet cum peccato; 412: homo deditus peccatis non potest proficere in studio.
2) cfr. op. maj. 448.
3) Op. maj. 463.

hältnis zu den andern Wissenschaften, sondern selbständig dasteht und sich auf die Erforschung der Gegenwart, Vergangenheit und Zukunft erstreckt.

Nachdem Bacon so seiner Zeit allgemeine Regeln für die Wissenschaft gegeben, geht er daran, die grundlegenden Wissenschaften für die Philosophie zu nennen.

Seine Zeitgenossen waren durch Jahrhunderte getrennt von der antiken Civilisation. Die grosse Lehrmeisterin der modernen Zeit, das Altertum, war in den Hintergrund getreten durch die Völkerwanderung mit ihren Unruhen; wie Bacon auch die Wahrheit suchte, wie wenig Ueberreste der griechischen Philosophie, der lateinischen Werke standen ihm zu Gebote. Was er aber fand, erregte immer mehr in ihm den Wunsch, gründliche Studien machen zu können und doch stellten sich ihm fast unüberwindliche Hindernisse entgegen. Er besitzt nur schlechte Uebersetzungen, die durch mechanischen Vorgang hergestellt sind; für jedes Wort hat der Uebersetzer ein äquivalentes gesetzt, oft ohne Sorge für den allgemeinen Sinn. Die Fragmente, die sich ihm darboten, erwecken den Wunsch, die Werke selbst kennen zu lernen. Konnte ein einzelner Mann diese Schwierigkeiten allein überwinden? Wohl ist das dreizehnte Jahrhundert die klassische Epoche der Scholastik geworden, aber hätte es nicht grössern Ruhm, wenn es an die Spitze aller Studien die Sprachwissenschaft gestellt hätte? Deshalb nennt Bacon als erstes Mittel zur Wissenschaft das Studium der „philosophischen" Sprachen; um die Reichtümer der Vergangenheit aufzudecken, giebt es nur ein Mittel, das ist die Grammatik — bei ihr liegt die Zukunft der Welt; in seinen Reformplänen weist er derselben seinen Zeitgenossen gegenüber den ersten Platz der Wissenschaft an. Auch wenn er von dem Missbrauch des Princips der Autorität redet oder die Philosophie gegen ungerechte Vorurteile rechtfertigt, nennt er als erstes Mittel, die Philosophie zu vervollkommnen, das Studium der Grammatik; sie ist die Basis, wie die Moral die Krone der Philosophie. Warum betonte er sie so? Hat Daunon in seiner histoire littéraire de la France Recht, wenn er schreibt: Il voulait comparer les vocabulaires, rapprocher les syntaxes, rechercher les rapports du langage avec la pensée, mésurer l'influence comme le caractère, les mouvements, les formes si variées du discours exercent sur les habitudes et les opinions des peuples. Bacon remontait ainsi aux origines de toutes les notions, simples ou composées, fixes ou variables, vraies ou erronées que la parole exprimait. Cette grammaire universelle lui semblait être la véritable logique, la meilleure philosophie.

Bacon hat diese ihm zugeschriebenen Ideen gewiss teilweis im Sinn gehabt, wenn er sah, welche Bedeutung die einzelnen Worte in der Wissenschaft seiner Zeitgenossen spielten, aber doch sind sie in seinen Augen wohl erst zweiten Ranges. Ist es doch eine viel grössere Forderung, durch die Kenntnis der Sprachen das volle Verständnis des Altertums ermöglichen zu wollen. Die Wissenschaft wird erneuert werden, so sagt er, neue Reformen angebahnt, wenn die philosophischen Sprachen, d. h. griechisch, hebräisch, arabisch und chaldäisch allgemeines Studium werden, denn aus ihnen schöpfen wir alles heilige und profane Wissen [1]).

Der lateinischen Sprache schreibt er nicht solche Bedeutung zu, da wir aus derselben nicht viel Kenntnisse für die Theologie und Philosophie schöpfen können, sondern nur für das canonische und Civil-Recht, für die Constitutionen der Prälaten und Fürsten; während grade das Studium der andern alten Sprachen, der Abhandlungen des Aristoteles, besonders der Schriften der Moralisten, wie z. B. Seneca ein Heilmittel bietet gegen die Irrtümer der Kirche [2]).

---

1) Op. tert. cp. 10: Placuit Deo dare sapientiam cui voluit, nam omnis sapientia a Deo Domino est; revelavit Deus primo philosophiam sanctis suis, quibus et legem dedit. Et ideo primo tradita est principaliter et complete in lingua Hebraica. Deinde renovata est principaliter per Aristotelem in lingua graeca, deinde per Avicennam in lingua arabica; sed nunquam in Latina fuit composita, sed solum translata de linguis alienis, et meliora non sunt translata.

2) Op. tert. cp. 75: Seneca refert de se ipso, quod omni die antequam

Mit dieser Forderung, sich auf das Studium der Sprachen zu legen, hat Bacon sich gegen eine der schlimmsten Lücken in den Wissenschaften des Mittelalters erhoben. Wenn aber auch die Unkenntnis der Sprachen sehr bedenklich ist für den Fortschritt im Wissen, so giebt es doch auch noch andere Disciplinen, die in seiner Zeit vernachlässigt wurden.

Wir nennen zuerst die Mathematik mit ihren Abteilungen. Bacon selbst sagt in Bezug hierauf: Ihre heftigsten Feinde sind die neuen Theologen, welche die Menge verführen; nie hören sie auf in ihrem Unterricht, ihren Reden und ihren Versammlungen gegen die mathematischen Wissenschaften, die Perspective und Alchimie zu sprechen; sie entfremden dieselben den Studierenden — obgleich man ohne dieselben nichts wissen kann, denn die mathematischen Wissenschaften stehen mit allen anderen in engem Zusammenhang; alle Wissenschaften sind unter einander verknüpft und müssen sich gegenseitige Hilfe leisten, wie die Teile eines Ganzen. Jede erfüllt ihre Arbeit nicht nur für sich allein, sondern zugleich im Interesse der Anderen. Die mathematischen Studien sind auch nicht so schwierig, wie meist angenommen wird, sondern leicht zu lernen und durchaus nötig für die Philosophie; sie sind nicht eine Last für dieselbe auf ihrem Wege, sondern ein wesentliches Hilfsmittel.

Im Werke der Regeneration, welches Bacon sich als Aufgabe gestellt hat, geht so die Mathematik· der Grammatik zur Seite. Er selbst stellt sich die Frage, woher es kommt, dass die exacten Wissenschaften so wenig beliebt sind, und giebt darauf die Antwort: Einmal, wie schon oben erwähnt, hält man die mathematischen Wissenschaften deshalb für so schwierig, weil nach gewöhnlicher Methode für ihr Studium allerdings eine Zeit von 30 bis 40 Jahren nötig ist, zum andern aber unterlässt man es auch, sich Rechenschaft von der Nützlichkeit dieses

---

in nocte dormiret, totam vitam suam diurnam recoleret, u: videret in quibus verbis et factis aut male fecisset aut minus ... O quam efficax argumentum morale per exemplum tanti viri accipitur hic ... homo paganus, gratia fidei non illustratus, hoc fecit, ductus sola vivacitate rationis.

Studiums zu geben. Vor allen Dingen aber übergeht man sie, weil die Väter der Kirche sie nicht kennen. Bacon tritt sogar so lebhaft für das Recht der Mathematik ein, dass er ihre Vernachlässigung dem Einfluss des Teufels selbst zuschreibt[1]). Er stellt deshalb die mathematischen Wissenschaften so hoch, weil wir in allen Gebieten nur mit ihrer Hilfe zu sicherer Wahrheit gelangen können, ja weil sie auch vorzüglich zum Studium der heiligen Wissenschaften nützlich sind[2]).

Nach ihm sind sie zugleich mit den religiösen Ueberlieferungen aus dem Orient uns überkommen, ja sie sind uns, wie das Gesetz Gottes, durch die Patriarchen und Heiligen überliefert; sie sind consonae legi divinae. So leisten sie besonders der Theologie wichtige Dienste, denn sie berechnen und messen die himmlischen Körper; die Nichtigkeit des Menschen stellen sie uns klar vor Augen durch die Kleinheit des Weltkörpers, den wir bewohnen, und durch die Grösse der Sterne, die am Himmel strahlen; sie finden auch im Studium der himmlischen Phänomene die Mittel zur Berechnung der Zeit, denn durch die Chronologie bestimmen sie die Epochen der grossen religiösen Thaten, wie die Schöpfung der Welt, die Sündflut und das Leiden Christi.

Aber nicht nur die Grammatik und Mathematik zieht Bacon in das Bereich der philosophischen Disciplinen, sondern die Philosophie umfasst bei ihm die Gesammtheit des menschlichen Wissens. Dies teilt er folgendermaassen ein: den Anfang macht die Grammatik mit der Logik, dann folgen die mathematischen Wissenschaften, die Physik, die Metaphysik und endlich die Moral und die Theologie. Die Psychologie erhält freilich in dieser Classification keinen genügenden Platz, sie ist eine einfache

---

1) Op. tert. cp. 20: hoc diabolus procuravit, quatenus radices sapientiae humanae ignorarentur. Nam hoc est alphabetum philosophiae; ut nunquam possit homo aliquid dignum scire, postquam harum scientiarum ignorat potestatem. Et hoc factum est contra dies Antichristi, ut tollatur tota sapientia philosophiae, et per consequens theologiae, quantum est in expositione Scripturae.

2) cfr. Op. maj. pg. 68. 96. 78. 79. 103.

Abteilung der Physik, wenngleich sie sich andererseits auch mit der Metaphysik berührt.

Bacon's Ideen über Grammatik und Mathematik haben wir bereits kennen gelernt.

Auf die Logik, die für alle Wissenschaften unsere Lehrmeisterin geworden ist, legt Bacon nicht ein allzu grosses Gewicht, da bei ihr alles auf Worten beruht und nur die Form wissenschaftlich ist, sind doch auch alle Menschen von Natur Logiker (Aristoteles dicit, quod idiotae syllogizant, Op. tert. cp. 28). Die Laien kennen freilich die termini technici nicht, deren sich die Cleriker bedienen, aber trotzdem finden sie jeden falschen Schluss, da ihnen nur die Worte, nicht aber die Sache selbst fehlt. So redet Bacon hier von einer natürlichen Logik, welche er auch Grammatik nennt, insofern man, auch ohne theoretische Erlernung der Sprache, sprechen kann [1]).

Die besondere Vorliebe des Bacon für die Anwendung zeigt sich in der Behandlung der Physik, wie wir unten sehen werden.

Die Metaphysik ist ihm die höchste Wissenschaft in der speculativen Philosophie; in der practischen aber die Moral, sie ist die Krone der Wissenschaften, und diese alle, die Metaphysik eingeschlossen, arbeiten für sie und sammeln für sie Material; er nennt sie die Profan-Theologie und die Königin aller

---

1) Op. tert. cp. 28: de logica enim non est vis tanta, quia scimus eam per naturam, licet vocabula logicae in lingua, qua utimur, quaerimus per doctrinam. Sed ipsam scientiam habent omnes homines ex natura ... Vocabula sola logicorum deficiunt laïcis, non ipsa scientia logicae. ... Omne quod fit de novo notum, fit notum per notius, ibitur in infinitum, si logicam non sciamus naturaliter. Nam si fiat nobis nota de novo, tunc per aliquam scientiam nobis notam prius, et illa per aliam, et sic in infinitum, quod non potest esse. Quare standum est ad aliquam scientiam, quae sit nota naturaliter; sed nulla est, nisi logica, cum qua comprehendo grammaticam, quia communi nomine utraque logica dicitur; id est, sermonicalis scientia. Nam λόγος idem est quod sermo in una significatione. Et Avicenna dicit in logica sua (f. 3 a. ed. Ven. 1520), quod rusticus Arabicus scit grammaticam per naturam, quod oportet, si logicam sciamus per naturam, quae posterior est. Vocabula enim grammaticae et logicae discimus, sed naturaliter, scimus componere orationes ex dictionibus, et argumenta ex propositionibus. Et hoc docet grammatica et logica.

Wissenschaften (haec scientia est finis omnium et domina et regina). Die Theologie selbst aber überragt die ganze menschliche Weisheit, wie die Moralphilosophie die übrigen Wissenschaften (Op. tert. cp. 15: tota sapientia philosophiae nihil est sine sapientia fidei Christianae .... nos credimus, quod omnis sapientia inutilis est, nisi reguletur per fidem Christi. Op. maj. 21: veritas christiana est finis philosophiae ... 29: totius philosophiae potestas in sacris litteris continetur).

Wir haben hiermit die grundlegenden Anschauungen Roger Bacon's erörtert und auch die Reihenfolge der philosophischen Wissenschaften erwähnt. Bacon selbst teilt die Philosophie in eine speculative und practische. Als speculative Wissenschaften nennt er: Grammatik, Logik, Natur-Philosophie, Metaphysik, vier bis fünf mathematische Wissenschaften und die speculative Alchimie; als practische: vier mathematische Wissenschaften, die practische Alchimie und Medizin, die Experimental-Philosophie, die Moral-Philosophie mit dem Civilrecht und die Theologie mit dem kanonischen Recht. Diese Aufzählung ergiebt sich aus dem Comp. Stud. Phil. cp. 1 cfr. Opus tert. cp. 27, op. maj. pag. 21, 65. 149.

Practische Mathematik.

Bacon selbst teilt die practische Mathematik in vier Abschnitte, nämlich in Geometrie, Arithmetik, Astronomie und Musik [1]). Diese vier Abteilungen entsprechen ebenso viel speculativen Wissenschaften. Die positiven Resultate dieser Wissenschaften will er eben in der practischen Mathematik für das Wohl der Menschheit verwerten, denn er weiss sehr wohl, die Theorie ist unnütz ohne die Praxis, wie auch die Praxis blind ist ohne die Theorie.

---

1) Op. tert. cp. 53: Mathematica practica habet quattuor magnas partes, geometriam, arithmeticam, astronomiam et musicam practicas.

I. Die Geometrie.

Während Bacon die speculative Geometrie in drei Abteilungen de lineis, de superficiebus, de corporibus behandelt, teilt er die practische Geometrie selbst in zwei Teile. Es hat seine Schwierigkeiten des Philosophen mathematisches Lehrsystem klar hinzustellen, da er selbst im Op. maj. pars IV bei der Mathematik die verschiedensten Fragen behandelt; so wechseln die Erörterungen von metaphysischen und physischen Abhandlungen im Anschluss an Aristoteles mit seinen Aufstellungen über Geographie, Chronologie und Astronomie. Versuchen wir es zunächst klarzustellen, was Bacon unter die Abteilung „practische Geometrie" subsummiert. Er selbst sagt: geometriae practicae pars prima, quae est ad usum hominum, pertinet ad scientiam regendi familias et civitates, quae vocatur agricultura. Daher erörtert er hierin die verschiedenen Arten des bestellbaren und bestellten Landes, die Weidenutzungen, Pflanzungen von Wald- und Culturbäumen, die Gärten mit ihrer Ernährung der Hülsenfrüchte, Wurzeln und Gräser. Alles hierhergehörige unterwirft er seiner Untersuchung. Der Name Agricultura kommt dieser Abteilung der practischen Geometrie freilich nur teilweise zu, da Bacon darin fast Alles behandelt, was den Bau von Haus und Stadt betrifft. Er selbst nennt uns die Unterabteilungen der Agricultura und handelt darin von den isoperimetären Figuren, der Feldmesskunst, der Construction der Städte, Castelle, Häuser und Türme, der Herstellung der Canäle, Aquaducte, Brücken, Schiffe und der Instrumente zum Schwimmen und Tauchen. Ebenso hat diese Abteilung die Anweisung zu geben über die Anfertigung verschiedener nützlicher Instrumente z. B. zum Fliegen mit unmessbarer Geschwindigkeit oder zum Fahren ohne Ruder mit einer kaum vorstellbaren Schnelligkeit. Zu erwähnen ist hier auch noch die Herstellung von Maschinen, um Städte und Häuser gegen den Angriff der Feinde zu schützen oder Letztere anzugreifen und zu vertreiben.

In dem zweiten Teil der practischen Geometrie behandelt Bacon die Composition der Instrumente zum Gebrauch der andern Wissenschaften. Er selbst führt sieben Unterabteilungen an:

1. die Composition der Instrumente für Astronomie und Astrologie z. B. des Quadranten u. s. w. Mit ihrer Hilfe kann man die Bewegung der Sterne messen, die Kometen und Wolken genau beobachten;

2. die Composition der Musik-Instrumente. Doch denkt Bacon hier nicht nur an die Herstellung von Guitarren, Leiern und Harfen, sondern er erwähnt auch Instrumente, die in bester Harmonie so starke Töne hervorbringen, dass wir nach unserm Gefallen die Leidenschaften von Menschen und Tieren erregen können;

3. in dieser Abteilung giebt er die Anweisung für die Instrumente der Perspective. Er kennt flache, sphärische, concave, ovale und konische Spiegel und erwähnt Instrumente, um den Einfall- und Reflexionswinkel zu messen;

4. die vierte Abteilung behandelt die für die Experimentalwissenschaft nötigen Instrumente z. B. specula prospicua, ut mirabilia operum naturae appareant, ut maxima appareant minima, et altissima infima, et occulta in aperto etc. ...

In den letzten drei Abteilungen werden noch die Instrumente der Medizin, Chirurgie und Alchimie behandelt.

II. Die Arithmetik.

Die meisten Biographen Bacon's nennen ihn den grossen Mathematiker, mit Ausnahme von Humboldt, der in seinem Kosmos anders über ihn urteilt, obgleich er ihn eine der grössten Erscheinungen des Mittelalters nennt. Aus Bacon's Abhandlung de communibus mathematicae, in der er allgemeine Sätze behandelt, ersehen wir nur, dass er in der practischen Arithmetik die verschiedenen Rechnungsarten entwickeln will; doch lässt sich hierüber wenig genaues berichten. Angeführt sei nur noch, dass Bacon den Euclid commentirt und vielfach ergänzt hat, und dass hierbei seine Kritik klar und seine Definitionen äusserst präcis sind. Die Anwendung der Lehren der practischen Arithmetik werden wir in der Astronomie und Geographie kennen lernen.

II. Die Astronomie.

Als intelligenter Schüler der griechischen Astronomen Ptolemäus und Hipparchus, der Araber Alphraganus, Albategni, Thebith, Arzachel, Averroes und Alpetragius, deren Systeme Bacon uns klar darstellt, hat er selbst uns eine Abhandlung de coelestibus hinterlassen. Die Astronomie (von Bacon auch Astrologie genannt) zerfällt wiederum in einen speculative und practischen Teil. Der erstere behandelt die Grösse und die Bewegungen der himmlischen Körper und hat uns über die Stellung der Planeten Auskunft zu geben. Im Anschluss an das ptolemäische System weiss er mancherlei Irrtümer desselben aufzudecken, obgleich er selbst vielfach wiederum in solche verfällt. Dagegen hat Bacon in seinem practischen Teil der Astronomie der Wissenschaft grosse Dienste geleistet durch Anwendung der Astronomie auf die Chronologie und durch seine Forderung der Kalenderreform. Er klagt mit Recht darüber, dass zu seiner Zeit die Chronologie von Anfang der Weltschöpfung an sehr dunkel sei. Die gelehrten Männer der vergangenen Zeiten, Historiker, Chronisten und Väter der Kirche befänden sich in Bezug auf chronologische Daten in vielfachem Widerspruch. Jedoch sei es mit Hilfe der Astronomie möglich zu berechnen, wieviel Jahre vor Christi Geburt verflossen sind und so den Zeitpunkt der Weltschöpfung zu bestimmen. Vor allen Dingen bieten hier die Berechnungen der Hebräer einen guten Anhalt, da sie die Länge des Mond-Monats, die Bacon auf 29 Tage 12 Stunden 44 Minuten angiebt ziemlich genau kannten.

Er selbst berechnet, dass die Welt im Herbstäquinoctium erschaffen ist nach Exodus cp. 23 cfr. cp. 34; Ezech. 1; Nehem. 1. Die Sündflut aber trat nach ihm ein in dem Monat Maresvan (November) des 600. Jahres der Geburt des Noah. Für spätere

Zeitbestimmungen schliesst er sich den Berechnungen des Ptolemäus im Almagest an.

Indem Bacon häufig auf die Irrtümer der gewöhnlichen Chronologen (computistae vulgati) hinwies, erstrebte er schon, wie sich aus dem Op. tert., Op. maj. und Computus naturalium ergiebt, eine Kalenderverbesserung, welche freilich erst unter Gregor XIII. im Jahre 1582 ihre Erfüllung fand.

Bei der ausführlichen Erörterung über Bacon's Kalenderreform in Schneider's „Roger Bacon" kann es genügen, wenn wir in Bezug hierauf Bacon selbst kurz anführen.

Die Fehler des Kalenders, sagt Bacon, sind unerträglich. Seit der Zeit des Julius Cäsar und trotz der Verbesserungen durch das Concil von Nicäa, des Eusebius, Victorinus, Cyrillus und Beda haben die Fehler sich nur vergrössert, und zwar durch den Irrtum, dass Cäsar die Jahreslänge auf $365\frac{1}{4}$ Tag berechnet hat. Bacon berechnet dagegen, dass das Sonnenjahr um $\frac{1}{130}$ Tag (ungefähr 11 Minuten geringer ist. So ist es ersichtlich, dass man nach 130 Jahren einen Tag zuviel gerechnet, und man kann diesen Fehler nur redressieren, wenn man nach dieser Periode einen Tag abzieht. Auch die Kirche irrt, wenn sie anfangs die Aequinoctien des Frühlings auf den 25. März, jetzt aber auf den 21. März festgesetzt hat. Denn in diesem Jahre (1267), so fährt er fort, fallen sie auf den 13. März, sodass sie circa alle 125 Jahr um einen Tag zurückgehen.

Nach der Berechnung des Ptolemäus, im Jahre 140 nach Christi Geburt, fielen die Frühjahrs-Aequinoctien auf den 22. März. Seitdem sind 1127 Jahre verflossen (Bacon schrieb dies a. 1267); da nun in diesem Jahre die Aequinoctien auf den 13. März fallen, d. h. 9 Tage früher, so resultiert, wenn man 1127 durch 9 dividiert, dass die Aequinoctien in ungefähr 125 Jahren um einen Tag zurückgehen.

Ebenso irrt die Kirche, wenn sie behauptet, dass die Solstitie des Winters auf den Tag der Geburt Christi, den 25. Dezember fällt, denn Ptolemäus hat sie im Jahre 140 für den 22. Dezember berechnet; im ersten Jahre konnte sie also nur um ein wenig mehr als einen Tag differieren, d. h. sie musste in die Zeit vom 23. bis 24. Dezember fallen. Doch giebt Bacon selbst zu, dass er über diese schwierigen Berechnungen nur annähernd sprechen könne.

Auch die Irrtümer in Betreff des Mondwechsels deckt Bacon auf. Der zeitige Kalender, sagt er, giebt die Zeit des Neumondes falsch an, denn in 76 Jahren rückt der Neumond über die vom Kalender bestimmte Zeit um 6 Stunden 40 Min. vor, dies ergiebt aber nach 356 Jahren einen Irrtum von einem ganzen Tage. So kommt er schliesslich zu dem Schluss nach mancherlei aufgestellten Rechnungen, dass nach 4266 Jahren im Kalender Neumond, in Wahrheit aber Vollmond sein würde. Deshalb schlägt er vor, zu der monatlichen Teilung der Araber zurückzugehen, deren Monate immer mit der Conjunction der Sonne und des Mondes beginnen. So fordert er dringend eine Reform, zumal auch die ungläubigen Philosophen, Araber und Hebräer, die Griechen, welche unter den Christen wohnen, in Spanien, Egypten und anderen Orten des Orients, über die Thorheit der Christen in ihrer Chronologie und Festfeier erschrecken (cfr. Op. tert. cp. 50 et sq.).

In wieweit mit der Astronomie der astrologische Aberglaube Bacon's zusammenhängt, haben wir oben bereits erwähnt.

Im Anschluss an die Astronomie behandelt Bacon noch die Geographie, die ja auch wie erstere ihre Wurzeln in der Mathematik hat, denn sie ruht auf dem Maass und der Figur der berechneten Erde und der Bestimmung der geographischen Längen und Breiten. Er klagt darüber, dass die Sorglosigkeit der Christen sie selbst in Unwissenheit über das Viertel des Globus lasse, das sie bewohnen. Um genauere Kenntnisse zu erlangen, muss vor allen Dingen die Erde gemessen und die Lage der Städte und Gegenden bestimmt werden; hierzu muss aber ein fester Punkt als Anfang für die Bestimmung der Längen angenommen werden. Er schlägt zu diesem Zweck für den Westen die westlichste Spitze von Spanien und für den Osten die von Indien vor.

Ihre Berührung mit der Astronomie findet die Geographie in der Lehre von den Klimaten, deren es sieben giebt[1]), wie ja auch die Verschiedenheit der Völker und ihrer Sitten dem Einflusse des Himmels von Bacon zugeschrieben wird (Op. maj. 157). Bacon weiss sehr wohl, dass die verschiedenen Zonen verschiedene Temperatur haben und dass die Wärme eines Ortes abhängt von seiner Breitenlage und der Höhe der Sonne. Im Op. maj. pars IV versucht er eine genauere Beschreibung der Erde, doch ohne wesentlich Neues herbeizubringen. Während er Kritik übt an Ptolemäus und Plinius, dient ihm Sallust als Führer in Africa und Hegesippus in Palästina. Er behauptet, dass die Erde bewohnter ist, als man glaubt, auch Africa sich weiter gegen Süden erstrecke und jenseits des Aequators bevölkert sei; so bespüle auch das Meer den Süden Indiens. Eifrig forschte Bacon nach neuen Mitteilungen; er bemühte sich die Erzählungen der Reisenden zu erfahren, um sich danach zu informieren — doch gehen seine geographischen Kenntnisse nicht viel über den damaligen Stand dieser Wissenschaft hinaus (cfr. op. maj. 204 sq.).

IV. Die Musik.

Als vierten Teil der Mathematik nennt Bacon die Musik. In seinem op. tert. cp. 59 giebt er die Unterabteilungen derselben an; sie behandeln den Tanz, die Vocalmusik, Instrumentalmusik, Lehre von den Metren, vom Rhythmus, die Prosa, die Quantität der Silben, die Interpunction u. s. w. Besonders behandelt und betont er den Nutzen der Musik für die Theologie z. B. in der Predigt, wenn er sagt: musica ... est necessaria ecclesiae, quoniam principalis intentio ecclesiae et ultimus finis est opus praedicationis, ut infideles ad fidem convertantur, et

---

1) Op. maj. 186. Signo spatia tria ante climata nota, quae plus de terra habent quam unum clima et pono numerum milliariorum latitudinis istius spatii inter aequinoctialem et primum clima et quot milliaria sunt ab aequinoctiali usque ad finem septimi climatis, deinde divido spatium, quod est ultra climata etc. ...

fideles in fide et moribus conserventur (Op. tert. p. 304). Doch gehören diese Bemerkungen sämmtlich in's Gebiet der speculativen Musik, da die practische Musik nur die musikalischen Instrumente zu betrachten hat.

Practische Alchemie und Medizin.

Die Kenntnis über die Alchemie des Bacon haben wir aus seinem speculum alchimiae und dem Tractat: de mirabili potestate artis et naturae, wie aus dem Op. minus hauptsächlich zu schöpfen. Nach ihm ist die Aufgabe der practischen Alchemie eine Medizin herzustellen, welche er kurz mit dem Namen Elexir belegt. Wenn man dies Elexir über Metalle oder unvollkommene Körper giesst, so werden sie im Augenblick des Begiessens vollkommen. Was versteht nun Bacon unter einem unvollkommenen Körper? Man muss wissen, sagt er, dass alle Metalle sich aus Schwefel und Quecksilber zusammensetzen; aber diese erscheinen stets gemischt mit andern Körpern, und wir finden sie absolut rein nur im Golde. So besteht nun die Aufgabe der Alchemie darin, ein Mittel zu finden, diese Metalle rein herzustellen und dies geschieht eben durch das Elexir, dessen Composition Bacon angiebt — freilich ist es unmöglich, seiner Anweisung nachzukommen.

Ausserdem hat dies Elexir die Kraft das menschliche Leben zu verlängern, wie wir im Op. min. p. 315 lesen: et hoc est quod corpora infirma reducet ad santitatem et conservabit ea contra omnem occasionem, et vitam, si Deus voluerit, ultra centenarios annorum prolongabit, ut facta est mentio copiosior in scientia experimentali ... nam quod natura facit in millibus annorum, ars potest facere una die, ut dicit Avicenna in libro de anima.

Die Möglichkeit, das Leben zu verlängern, begründet Bacon damit, dass der Mensch unsterblich erschaffen ist, ja dass er auch nach dem Eintritt der Sünde noch gegen 1000 Jahre leben konnte, und die Länge des Lebens erst allmählich abnahm; cfr.

de retardatione accidentium senectutis, et de prolongatione vitae cp. 7.

Wie im ganzen Mittelalter das Ziel der chemischen Arbeiten die Verwandlung der Metalle war, so glaubte auch Bacon an die Möglichkeit Metalle in Gold oder Silber verwandeln zu können, doch stellt er selbst die speculative Alchemie über die practische, wenn er sagt im Op. tert. cp. 12: sed alia est scientia, quae est de rerum generatione ex elementis, et de omnibus rebus inanimatis: ut de elementis et humoribus simplicibus et compositis, de lapibus communibus, gemmis, marmoribus; de auro et caeteris metallis, de sulphuribus, de salibus et atramentis, de azurio, de minio, et caeteris coloribus; de oleis et bituminibus ardentibus, et aliis infinitis, de quibus nihil habemus in libris Aristotelis; nec naturales philosophantes sciunt de his, nec totum vulgus Latinorum. Et quia haec scientia ignoratur a vulgo studentium, necesse est, ut ignorent omnia, quae sequuntur, de rebus naturalibus, scilicet de generatione animatorum, ut vegetabilium, et hominum .... generatio enim hominum, et brutorum, et vegetabilium est ex elementis et humoribus, et communicat cum generatione rerum inanimatarum ... non sunt tres inter Latinos, qui dederunt se ad hoc, ut scirent alkimiam speculativam, secundum quod sciri potest, sine operibus alkimiae practicae.

Die Experimental-Philosophie.

In der Experimental-Philosophie des Bacon haben wir fast die gesammte Physik zu betrachten und in dieser Disciplin zeigt sich hauptsächlich seine Vorliebe für die Praxis. Er scheidet auch hier den Teil, der die Principien behandelt, von dem, der die practische Seite berührt und der nach seiner Angabe sieben Unterabteilungen zu behandeln hat, die freilich sonst auch in anderem Zusammenhange aufgezählt werden, so dass auch wir einzelne schon oben erörtert haben. Diese Abteilungen sind folgende:

1. die Perspective;
2. die Astronomie, eine Art Meteorologie, welche sich mit dem physischen Einfluss der Sterne auf die Erde, Klimate etc. beschäftigt. Diese Abteilung ist nicht mit der speculativen Astronomie, der des Almagest, zu verwechseln, noch mit der practischen, welche die Berechnungen lehrt, wie wir oben gesehen haben;
3. scientia de ponderibus;
4. die Alchemie, worunter er hier die moderne Chemie mit ihren grossen Abteilungen versteht;
5. Botanik und Zoologie;
6. die Medizin;
7. die specielle Experimental-Wissenschaft.

Bacon selbst rühmt sich eine neue Wissenschaft erfunden zu haben, die seiner Zeit noch unbekannt und die er behandelt unter dem Titel: de multiplicatione specierum oder de influentia agentis. Er behauptet, dass ohne dieselbe die Natur nicht zu erkennen wäre und handelt darin von den sichtbaren Phänomenen d. h. von der Action aller natürlichen Kräfte [1]).

Wie in den übrigen Wissenschaften betont Bacon auch bei der Physik ihre Nützlichkeit für die Theologie. Wenn er Sätze über die Leere oder die Unendlichkeit, über die Schöpfung der Welt und den Zeitpunkt, in dem sie geschaffen wurde, aufstellt, so meint er, dass diese Fragen zugleich von Wichtigkeit wären für die Fragen der Transsubstantiation, des Falles der Engel etc.

---

1) Op. tert cp. 11, cfr. cp. 31, 36: Leges multiplicationis non sunt alibi traditae adhuc, cum tamen non solum sunt communes actioni in visum, sed in omnem sensum, et in tota mundi machina, et in coelestibus et inferioribus. Haec autem scientia non est adhuc lecta Parisiis, nec apud Latinos, nisi bis Oxoniae in Anglia, et non sunt tres, qui sciunt ejus potestatem, ut apparet in libris istius, qui nec fecit libros de hac scientia, nec aliquid de philosophia sciri potest sine hac ... et ideo hoc solum valet centies plus, quam quicquid sciunt: nullus vero de autoribus, de magistris antiquis aut modernis scripsit de his. Sed laboravi per decem annos, quantumque potui vacare, et discussi omnia, ut potui, redigens in scriptum a tempore mandati vestri.

Dies sind nun allerdings Erörterungen, die kaum ihren Platz im Rahmen der Physik finden dürften.

Versuchen wir es nunmehr, einzelne Beispiele aufzuführen, aus denen wir erkennen, wie Bacon die Mathematik in der Physik angewandt hat.

Er wusste sehr wohl, dass die Erdluftschicht differiert von der Dichtigkeit der Luft der Himmelsräume, welche er nach dem Vorbild der alten Philosophie die Sphäre des Feuers nennt. Aus der Beobachtung der Refraction der Sternenstrahlen, der Refraction zwischen dem verlängerten und normalen Strahl begründet er die Behauptung der verschiedenen Dichtigkeit (Op. maj. 79. 80). Von Flut und Ebbe weiss er uns nur eine unvollständige Erklärung zu geben. Nach ihm wird das Meer durch den Einfluss der Mondstrahlen erregt; bilden diese Strahlen mit der Oberfläche des Wassers einen spitzen Winkel, so haben sie wenig Einfluss, aber in dem Maasse als der Mond am Himmel emporsteigt, wächst sein Einfluss und er steht im Maximum, wenn der Mond den Zenith erreicht hat. Die Strahlen bewirken aber nicht die Wallung der Wellen durch Erwärmung der Flüssigkeit, sondern als Lichtstrahlen d. h. Strahlen der substantiellen Natur des Mondes. So ist Flut und Ebbe bekannt und man kann ihren Eintritt durch die Geometrie genau berechnen.

Geometrische Berechnungen dienen ihm zum Beweis, dass die Hypothese der unendlichen Materie absurd ist, wie auch der Atomismus ohne Widerrede nach seiner Meinung durch eine Proposition des Euclid null und nichtig ist.

Bei der Bestimmung der Form der Welt erklärt er, dieselbe sei sphärisch. Dafür sucht er verschiedene Beweise, z. B.: die der Bewegung geeignetste Form ist sphärisch — da nun der Himmel die der Bewegung geeignetste Form haben muss, die am wenigsten Hindernisse darbietet, so ist er sphärisch. Ebenso verhält es sich mit den im Himmelsraum befindlichen Körpern z. B. den Wolken; denn wenn die Form der Wolken keine sphärische wäre, so gäbe es unter den von dem Centrum der Erde bis zu der Fläche der Wolken gezogenen Linien eine kürzeste, und das Wasser würde sich nach dem Gesetz der Schwere dorthin stürzen; andererseits macht aber Bacon auch darauf aufmerksam, dass, wenn das Meer eine ebene Fläche wäre, man den Hafen eher vom Fusse als von der Spitze des Mastes sehen müsste.

Es mag hier auch noch Bacon's Ansicht über den Regenbogen angeführt sein. Viele demselben ähnliche Phänomene, so giebt er an, findet man in denselben Farben in derselben Ordnung, z. B. bei dem sechsseitig geschliffenen schottischen Stein; beim Wasser, wenn es vom Ruder oder vom Mühlrade gehoben wieder herabstürzt; auch beim Tau und Regen, selbstverständlich natürlich nur in Verbindung mit den Sonnenstrahlen. Das Farbenspiel ist also eine allgemeine Erscheinung (Op. maj. 448. 463). Bacon hat sich hiermit viel beschäftigt; er hat gefunden, dass, je höher die Sonne am Horizonte steht, desto niedriger steht der Regenbogen, und der letztere ist ihr stets entgegengesetzt, dass eine gerade Linie vom Centrum der Sonne zu ihrem Nadir durch das Centrum des Regenbogens geht; die Maximalhöhe des Regenbogens ist 42 Grad und die Sonne steht auch bei dieser Höhe noch am sichtbaren Horizonte. Der Regenbogen selbst ist nichts als eine Erscheinung, welche durch die Reflexion der Sonnenstrahlen gegenüber einer tauträufelnden Wolke hervorgebracht wird. Die Farbenzahl des Bogens bestimmt Bacon auf fünf, auf Grund der Behauptung, die Zahl 5 sei die vollkommenste.

Auch specielle Studien in der Naturgeschichte hat Bacon nicht vernachlässigt. Wir finden bei ihm Abhandlungen über die Geschlechter der Pflanzen, denen er eine Seele zuschreibt und bei denen er zu constatieren sucht, ob sie gewisse Sinne z. B. das Gefühl besitzen. Er begabt sie mit Einatmungs- und Ausatmungsbewegungen, glaubt sie empfänglich für Schlafen und Wachen, kennt den Einfluss ihrer Säfte, Flüssigkeiten, welche sie absondern, und unterscheidet bei ihnen die essentiellen Teile: Stamm, Wurzel, Rinde. Er bemüht sich, den Zweck der Blätter für die Vegetation zu bestimmen und untersucht, ob die Vegetabilien nicht ein essentielles Organ als Sitz des Lebens besitzen. Nach ihm haben sie Gefässe, welche man den Blutcanälen bei den Tieren vergleichen kann. Er studiert eifrigst die Entwickelung des Samenkorns, das Pfropfen, seinen Einfluss auf den Stamm und wie das Reis sich mit dem Stamm verbindet, auch stellt er Betrachtungen an über die Bedingungen, die nötig sind in der Gleichheit der Art, damit das Reis wachsen kann. Freilich bleibt es nicht aus, dass er auch hierin manchen Irrtümern verfällt.

Auch über die Zoologie findet man einzelnes in seinem Abschnitten über die Physik. Er bekämpft vor Allem die allgemeine Idee, dass die Nahrung sich auch in spirituelle Substanzen umsetze. Dagegen folgt er in seinen Erörterungen über die Zeugung im Allgemeinen den Sätzen des Aristoteles und Avicenna.

Was Bacon in diesen Dingen seiner Zeit gegeben, war bald übergangen und vergessen; nur in einer Wissenschaft ist er bis zum 16. Jahrhundert als Autorität geachtet worden, nämlich wegen seiner scientia perspectiva, die wir heute Optik nennen. Er behandelt sie in drei Abteilungen, in dem er zuerst die Kräfte der sinnlichen Seele, dann den Mechanismus des Sehens und zuletzt die Reflexion und Refraction in das Bereich seiner Betrachtung zieht. Der Mensch besitzt ausser den fünf Sinnen fünf Kräfte der sinnlichen Seele. Durch den Gemeinsinn (sensus communis) percipiert die Seele die von aussen hereingeführten Species der Dinge, der Eindruck selbst aber wird der Seele durch die Einbildungskraft (imaginatio) bewahrt. Als dritte Seelenkraft nennt er die Urteilskraft (aestimatio), die wiederum als bewahrende Kraft das Gedächtnis (vis memorativa) nötig hat. Hierzu kommt noch die cogitatio, welche bei den Tieren die Stelle der vernünftigen Seele des Menschen vertritt, während bei dem Menschen selbst die vernünftige Seele mit dieser vis cogitativa vereinigt ist.

Im zweiten Teile handelt Bacon vom Mechanismus des

Sehens, indem er genau die Beschaffenheit des Auges und besonders die der Pupille bespricht. Die beiden Augäpfel haben einen gemeinsamen Nerv, von dem eine gerade Linie (linea recta imaginabilis) bis zum Object des Sehens geht. Dies ist die beiden Augen gemeinsame Axe. Ein Bild, in naher Entfernung gesehen, wird auf der Hornhaut des Auges (superficies glacialis) unter einem grossen Winkel wahrgenommen, dagegen in weiterer Entfernung unter einem kleinen Winkel, sodass das Bild immer undeutlicher wird, da ja das Bild selbst, je nach der Entfernung, auch einen grösseren oder kleineren Teil der Pupille occupiert[1]). Dass aber das Bild verkehrt auf die Netzhaut geworfen wird, scheint Bacon nicht zu wissen. Nachdem die Strahlen durch das Auge zum Nerv gedrungen sind, vereinigen sie sich vor ihrem Eintritt in's Gehirn; hierdurch wird das Doppelsehen vermieden (Op. maj. 264). Mit diesen Angaben freilich steht das Wort Bacon's in Widerspruch, wenn er sagt: visus fit extramittendo (Op. maj. 314), indem er damit behauptet, dass das Sehen durch einen von dem Auge ausgehenden Strahl geschehe, welcher mit dem perpendiculär ankommenden des Sehobjects zusammenfällt.

Im dritten Teil behandelt Bacon die Gesetze des geraden, reflectierten und gebrochenen Lichtstrahls mit einer Sorgfalt und Kenntnis, die heute nur durch genauere Kenntnis der mathematischen Gesetze übertroffen wird.

Von den optischen Instrumenten kannte er bereits die Brillen, die camera obscura, die Eigentümlichkeit der Linsengläser, die Brennspiegel, die laterna magica und astronomische Gläser. Vielfach wird Bacon auch die Erfindung des Telescop zugeschrieben. Doch dürfte sich diese Behauptung kaum halten lassen, denn in der günstigsten Stelle hierfür sagt er nur: die grössten Sachen können klein erscheinen und umgekehrt, die entferntesten können sehr nah erscheinen und umgekehrt[2]).

---

1) Op. maj. 315. majorem locum in nervo communi una species habebit quam alia et ideo res, quae est una videbitur duplicata.
2) de experientiis perspectivis artificialibus, Brewer ed. p. 534.

Oder meint er wirklich das Telescop, wenn er Op. maj. 357 sagt: nam possumus sic figurare perspicua et taliter ea ordinare respectu nostri visus et rerum, quod frangentur radii et flectentur, quorsumcunque voluerimus et sub quocumque angulo voluerimus, videbimus rem vel prope vel longe, et sic ex incredibili distantia legeremus literas minutissimas, et pulveres ac arenas numeraremus propter magnitudinem anguli sub quo videremus .... sic etiam faceremus solem et lunam et stellas descendere secundum apparentiam hic inferius, et similiter super capita inimicorum apparere ... ut animus mortalis ignorans veritatem non posset sustinere. Es ist kaum anzunehmen, dass Bacon hier vom Telescop redet, zumal er bei der Aufzählung der astronomischen Instrumente, deren er sich bedient, dasselbe nie erwähnt und auch von verschiedenen astronomischen Phänomenen z. B. von den Sonnenflecken, Lichtnebeln, die doch schon mit Hilfe von schwachen Fernröhren wahrgenommen werden, nichts weiss.

Es erübrigt noch bei der Erörterung der Experimental-Philosophie einige Erfindungen zu erwähnen, die teils mit Recht, teils mit Unrecht Bacon zugeschrieben werden.

Auf ihn führt man die Erfindung des Magnesium und Wismut zurück, wie auch die des Phosphor, obgleich letztere andrerseits schon von einem Alchemisten des zwölften Jahrhunderts gemacht sein soll. Wirklich nachweisen lässt sich nur die Composition des Pulvers, bei der er auch des dazugehörenden Salpeters erwähnt (Op. maj. 474: scilicet ut instrumento facto ad quantitatem pollicis humani ex violentia illius salis, qui sal petrae vocatur, tam horribilis sonus nascitur in ruptura tam modicae rei, scilicet modici pergameni, quod fortis tonitrui sentiatur excedere rugitum ....). Ebenfalls erwähnt er im Tractat de mirabili potestate ein Mittel, Donner und Blitz nachzuahmen. Die Erfindung selbst ist ihm nicht zuzuschreiben, sondern nur zu constatieren, dass er sie gekannt hat, zumal er sie sich selbst nicht zuschreibt, sondern sogar erwähnt, dass in manchen Ländern die Kinder sich damit vergnügen, um starke Detonationen hervorzurufen (Op. maj. 474). Jedenfalls bleibt ihm aber der Ruhm, dass er eine weitere Anwendung des Pulvers im Kriege, zur Verteidigung und Angriffen von Festungen, zur Zerstörung feindlicher Heere bereits ahnte, nachdem er selbst Experimente damit aufgestellt hatte. Seine klarste Auslassung finden wir hierüber in Ep. de secr. opp. artis et nat. cp. 6, wo er sagt: Soni velut tonitrua possunt fieri et coruscationes in aere, immo majori horrore quam illa quae fiunt per naturam. Nam modica materia adaptata, scilicet ad quantitatem unius pollicis, sonum facit horribilem et coruscationem ostendit vehementem. Et hoc fit multis modis; quibus omnis civitas et exercitus destruatur, ad modum Gedeonis artificii, qui languculis fractis, et lampadibus, igne exsiliente cum fragore inaestimabili, infinitum Midianitarum destruxit exercitum cum trecentis hominibus. Mira sunt haec, si quis sciret uti ad plenum, in debita quantitate et materia.

Auch den Magnetismus und die Gesetze der Attraction hat Bacon wahrscheinlich gekannt.

Ausserdem scheint er verschiedene Erfindungen im Gebiet der Mechanik noch gemacht zu haben, z. B. den Automaten, fliegende Vögel, die Idee von Wagen, die ohne Pferde sich sehr schnell bewegen; auch erwähnt er Taucherglocken und hängende Brücken ohne Joche und Säulen. Seine Erörterungen hierüber, mit ihren Lichtblicken in die Zukunft, sind so wunderbarer Art für seine Zeit, dass er damals schon in einem Capitel de instrumentis artificiosis mirabilibus (ed. Brewer p. 533) schreibt: Instrumenta navigandi possunt fieri sine hominibus remigantibus, ut naves maximae, fluviales et marinae, ferantur unico homine regante, majori velocitate, quam si plenae essent hominibus. Item currus possunt fieri, ut sine animali moveantur cum impetu inaestimali; ut aestimamus currus falcati fuisse, quibus antiquitus pugnabatur. Item possunt fieri instrumenta volandi, ut homo sedeat in medio instrumenti revolvens aliquod ingenium, per quod alae artificialiter compositae aërem verberent, ad modum avis volantis. Item instrumentum, parvum in quantitate ad elevandum et deprimendum pondera quasi infinita, quo nihil utilius est in casu. Nam per instrumentum altitudinis trium digitorum, et latitudinis eorundem, et minoris quantitatis, posset homo se ipsum et socios suos ab omni periculo carceris eripere, et elevare, et descendere. Posset etiam de facili fieri instrumentum, quo unus homo traheret ad se mille homines per violentiam, mala eorum voluntate, et sic de rebus aliis attrahendis. Possunt etiam instrumenta fieri ambulandi in mari, vel fluminibus, usque ad fundum absque periculo corporali. Et infinita quasi talia fieri possunt; ut pontes ultra flumina sine columna, vel aliquo sustentaculo, et machinationes, et ingenia inaudita.

Moralphilosophie und Theologie.

Wir haben oben bereits gesehen, wie heftig Bacon bei verschiedenen Anlässen gegen die Scholastik auftrat; doch eine Ansicht des 13. Jahrhunderts hatte so allgemeine Verbreitung gefunden und besass so sehr Aller Zustimmung, dass auch Bacon derselben huldigt und sie keinen Augenblick discutiert hat. Es ist die Verbindung der Philosophie mit der Theologie, zum grösseren Ruhme der letzteren; eine Verbindung freilich, die manchem Vorteil, aber auch mancher Gefahr ausgesetzt ist, da die einzelnen Wissenschaften ihre Gebiete nicht selbständig behandeln können. Die Gefahren selbst erweisen sich auch bald, denn die Scholastik beschränkte die Philosophie derart, dass es ihr fast gelungen wäre, sie gänzlich in den Dienst der Theologie zu stellen.

Die Schulen des 13. Jahrhunderts, in dem Bacon seine Werke schrieb, gehen vielfach in den Fragen über die Verbindung der Philosophie mit der Theologie auseinander. Besonders sind es die Dominikaner, die zu gleicher Zeit den Interessen beider Wissenschaften dienen wollen, indem Männer wie Albert der Grosse und Thomas von Aquino nicht nur die Häretiker bekämpften, sondern es auch verstanden den intoleranten Theologen fest zu widerstehen. Freilich ist es eine der schwierigsten Aufgaben den Glauben mit der Vernunft aussöhnen zu wollen oder den Peripatetismus mit den Evangelien in ein harmonisches System zu bringen. Inwieweit diese Arbeit der beiden Dominikaner mit Erfolg gekrönt war, darüber lässt sich streiten, jedenfalls bleibt ihnen aber der Ruhm, dass sie eifrig darnach strebten. Dieser gemässigten Lehre traten andre Schulen gegenüber, welche die Theologie nach Averroes nur wissenschaftlich aufbauen und begründen wollten, während wiederum Theologen wie die Victoriner und andre Mystiker mit Unwillen auf diese frevelhafte Alliance von Wissenschaft und Glauben schauten.

Bacon selbst steht in Einklang mit der thomistischen Schule in Betreff der Ansicht über Einfluss und Macht der Philosophie, wenn er sich auch sonst von ihr trennt; er kämpft für die Harmonie der Offenbarung mit der Vernunft, ohne sie einander gegenüber zu stellen oder die eine der andern zu opfern. Ihm ist es unmöglich in heuchlerischer Weise, wie es später die averroistische Schule und Wilhelm von Ockam that, zwischen christlicher und philosophischer Wahrheit zu unterscheiden. Sie lügen tamquam vilisimi haeretici, sagt er von denen, die zu diesem Hilfsmittel ihre Zuflucht nehmen, denn was in der Philosophie falsch ist, kann andrerseits nicht wahr sein. Bacon versteht es bei dieser Stellung den Standpunkt tadelloser Orthodoxie zu behaupten, denn er sucht in der Philosophie kein anderes Ziel als das Wohl der Kirche. Urteilt er doch selbst wiederum: Die Philosophie hat an und für sich wenig Wert [1]), denn sich selbst überlassen führt sie zur Finsternis und Magie, ihre Nützlichkeit ist nur eine relative, sie muss nämlich vier Bedingungen erfüllen: die Kirche kräftigen, die Vereinigung der Gläubigen leiten, die Ungläubigen bekehren und diejenigen verurteilen, die sich nicht bekehren wollen. Diese Forderungen stützt er auf die Behauptung: die Wahrheit findet man allein in der Bibel, dort muss man sie suchen (tota sapientia concluditur in sacra scriptura, Op. tert. cp. 24). Die heilige Schrift vergleicht er mit der geschlossenen Hand, die Philosophie mit der offnen;

---

1) Op. tert. cp. 24: philosophia inutilis est et vana, nisi prout ad sapientiam Dei elevatur, ut ei serviat absolute, et relative ad ecclesiam.

jene ist in der Theologie, welche alle Wissenschaften beherrscht, geschlossen, sodass Augustinus mit Recht sagt: si verum est, hic invenitur; si contrarium, damnatur.

Es will fast scheinen, als ob Bacon in solchen Worten seine Ausdrücke etwas übertreibt und dass er sich hierzu verleiten lässt, weil seine Schriften an den Papst gerichtet sind; wenigstens finden wir an andern Orten Aussprüche andrer Art, von denen sich freilich nicht behaupten lässt, dass sie den eben erwähnten absolut widersprechen. Er beugt sich stets vor Gottes Wort in Uebereinstimmung mit seiner Zeit, während er andrerseits häufig nicht genug Worte finden kann, um seine Bewunderung der Profan-Weisheit auszudrücken. Doch darf er dies auf Grund seiner früheren Versicherungen wohl mit Recht thun, ohne seine feste Glaubensüberzeugung in Verdacht zu bringen.

Die Philosophie, so schreibt Bacon, ist leider seit der Gründung der Kirche dieser verhasst geworden, weil die Welt vor Christi Geburt von ihr beherrscht wurde und von ihr die Gesetze empfing. So kam es, dass die Philosophie sich nicht der Religion unterwarf, sondern mit den Verkündigern des Evangeliums auf dem Gebiete der Wissenschaften und der Wunder um den ersten Platz stritt, ja selbst manchmal vielleicht zu den Verfolgungen der Christen riet. Deshalb ist denn die Philosophie wiederum von der Kirche vernachlässigt, ja von ihrem Hass verfolgt worden, obgleich sie weit entfernt ist, der Wahrheit zu widersprechen, denn trotz ihrer Unvollkommenheit steht sie in Uebereinstimmung mit den christlichen Lehren, ja ist denselben conform, nützlich und nötig, zumal jede Wahrheit, ob sie aus dem Munde der Weisen Griechenlands oder der Heiligen des Orients kommt, eine heilige Wahrheit ist, von der Gottheit inspiriert und durch dieselbe offenbart.

Es ist Bacon unmöglich bei seiner Liebe für die Urheber der Profan-Weisheit, für die Heiligen und Philosophen (er trennt diese niemals), zu glauben, dass sie nicht von Gott erleuchtet gewesen wären; vielmehr stellt er die Behauptung auf, dass sie das Object einer Special-Offenbarung gewesen sind, dass Gott selbst ihnen die Wahrheit manifestiert hat, und dass die Philosophie ihren Ursprung im göttlichen Intellect besitzt, welcher die grossen Männer aller Zeiten und Länder erleuchtet, wenn er im Op. tert. cp. 24 schreibt: Viri tam boni et tam sapientes sicut Pythagoras, Socrates, Plato, Aristoteles et alii zelatores maximi sapientiae receperunt a Deo speciales illuminationes, quibus intellexerunt multa de Deo et salute animae et forsan magis propter nos Christianos quam eorum salutem.

Die Theologie ist ihm allerdings die Hauptwissenschaft, aber wenn ihr auch die andern Disciplinen unterworfen sind, hat sie dieselben doch zur Erreichung ihres Zieles nötig (Op. maj. 23), denn die Philosophie ist wie die Theologie göttlichen Ursprungs d. h. der intellectus activus manifestiert sich allen Menschen, vor allen aber den Weisen (Op. maj. 28). Die Offenbarung der Wahrheit vor Christi Geburt, den Patriarchen und den Philosophen gegeben, kann der zweiten Offenbarung in Christo nicht widersprechen, daher sind denn Theologie und Philosophie ein und dieselbe Wissenschaft, wie zwei Strahlen einer Klarheit, una sapientia in utraque relucens (Op. maj. 37). Beide haben heilige Wahrheiten; auch die Philosophie strebt nach dem Glauben, denn zu allen Zeiten rang die Philosophie nach einer vollkommenen Wissenschaft, welche der Theologie identisch ist. Ja, ruft Bacon aus, die Philosophen suchten nur Wahrheit und Tugend, verachteten die Reichtümer, Genüsse und Ehren dieser Zeit, ihr Ziel war allein die höchste sittliche Vollkommenheit. Was sage ich? Haben sie nicht über die menschlichen Schwächen triumphiert? Soll man sich also wundern, dass Gott, welcher sie hierin erleuchtet, ihnen auch das Licht der grössten Wahrheiten gegeben hat? Wenn er es aber nicht für sie gethan hätte, musste er es nicht für uns thun, um durch ihren Unterricht die Welt zur Aufnahme seines untrüglichen Wortes vorzubereiten (Op. maj. 39)?

Auch will Bacon die Theologie nicht verherrlichen, wenn er sagt, die Philosophen hätten Teil an der ratio communis, quae illuminat omnem hominem venientem in hunc mundum, noch die Philosophie erniedrigen, sondern letzterer nur zu Hilfe kommen und sie vor Verfolgungen schützen, indem er sie auf göttlichen Ursprung zurückführt. Die Lehre vom intellectus agens, deren Verteidiger er wurde, lieferte ihm allerdings zur Stütze dieser These mächtige Waffen.

Er geht noch weiter in seinen Behauptungen, wenn er speciell über die Moral handelt. Fast sollte es scheinen, als ob ein Philosoph des 13. Jahrhunderts diese Frage nicht anders lösen kann, als dass er die weniger vollkommenen Lehren des Altertums der wundervollen Sittenlehre des Christentums unterwirft, aber Bacon ist so von dem Altertum eingenommen, dass er sich nicht scheut, die antike Moral der seiner Zeit gleichzustellen, ja ihr den Vorzug zu geben.

Nach ihm giebt es keine ethische Wahrheit, welche die Philosophen nicht gekannt hätten, ja wir finden in ihren Werken eine so brennende Liebe zur Tugend und so gute Principien, dass die Christen selbst davon entflammt werden müssten und durch das Studium ihrer Moral der Kirche nur nützen könnten; denn da die Ungläubigen die Autorität Christi, der Evangelien und der Heiligen verneinen, so dass sie hierdurch nicht überzeugt werden können, so bleibt ihnen gegenüber für die Christen nur die Macht der Philosophie übrig. Die Principien der menschlichen Weisheit lassen sich eben nicht verneinen, die Autorität der grossen Philosophen lässt sich nicht zurückweisen; mit solchen Waffen muss man die Ungläubigen bekämpfen und sie der Wahrheit des Glaubens unterwerfen. Bacon beklagt die Christen ob ihrer Thorheit, dass sie aus den Büchern der Weisen nicht Alles ausziehen, was der christlichen Tradition conform ist, dass sie aus den Principien der antiken Moral nicht die gebotenen Hilfsmittel schöpfen wollen, zumal die Philosophen schon Christen vor der Erscheinung Christi waren, da sie nicht nur die Idee des einen Gottes, sondern auch die des dreieinigen hatten. So spricht Plato vom Vater und vom Sohn und von ihrer gegenseitigen Liebe; in seinem Grabmal aber hat man auf seinem Herzen die Worte gefunden: Ich glaube an Gott den Vater und den Sohn; Aristoteles rühmt die Tugenden der Dreizahl; Avicenna kennt den heiligen Geist, so auch Albumazar, der Dichter Ovid und der Philosoph Ethicus. Sie haben die Schöpfung ex nihilo bekannt, sie findet sich bei den Weisen Arabiens und selbst Aristoteles ist von dieser Ansicht nicht weit entfernt. Auch die Existenz der Engel ist den Alten nicht unbekannt gewesen.

Hiernach giebt es nicht eine grosse Wahrheit der Moral oder der Religion, über Gott und über die Seele, welche die alten Philosophen nicht kannten. Sie besassen die Erkenntnis des höchsten Gutes und setzten es nicht etwa in die Lust der Epikuräer, noch in die Ehre, Geld oder Ruhm, sondern in das zukünftige Leben, welches in Gott ist und von Gott kommt. Zum Beweise erwähnt Bacon die wunderbaren Abhandlungen über die Tugenden und Laster, die wir bei Aristoteles, Cicero und Seneca finden. Diese haben die besten Lehren aufgestellt über die Regierung des Staates, die Polizei, die Gesellschaftsgesetze, über die Strafen in diesem und jenem Leben und über den Cultus, den man Gott schuldet; durch ihr Leben selbst aber haben sie das beste Beispiel gegeben und die Menschen die Verachtung falscher Güter gelehrt. Hat nicht Aristoteles aus Verachtung der Welt sein Vaterland verlassen und sein Leben im Exil beschlossen? Hat nicht Theophrast sein höchtes Glück in die Contemplation Gottes gesetzt? Ist nicht des Socrates Beispiel bekannt? Und Cicero, Seneca, Plato, haben sie nicht alle dieser höhern Weisheit gelebt, welche ihnen allein von Gott offenbart sein konnte? Haben sie nicht als Bedingungen des einen wahren Glaubens die Kenntnis Gottes, eines universellen Gesetzes, einer vollkommenen Religion aufgestellt?

Bei solchen Aussprüchen ist jedenfalls die Liebe und der Eifer des Bacon für die Philosophie zu bewundern, und sieht man von dem Irrtum ab, dass Plato ein Vorläufer der Apostel genannt wird, dass die Lehre von der Dreieinigkeit ein Dogma des Peripatetismus gewesen sein soll, so bleibt doch ein rechter Gedanke in seiner Kühnheit stehen. Fänden wir nicht in der antiken Weisheit Anklänge an die Lehren Christi, so hätte die

Philosophie den Boden für die Aufnahme der neuen Lehre auch weniger bereitet, so aber waren ja von ihr schon die Ideen der Einheit Gottes, seiner Unendlichkeit und seiner unaussprechlichen Attribute ausgesprochen; sie liess nach diesem Leben eine neue Existenz eintreten, eine Vergeltung der hier verlebten Tage; sie hatte die Tugend erhoben und das Laster beklagt und die Verachtung der falschen Güter gepredigt.

Wir haben aus dem bisherigen gesehen, dass es schwer sein dürfte die Behandlung der Moral-Philosophie und der Theologie Bacon's zu trennen; zu gleicher Zeit erörtert er aber mit diesen Disciplinen gemeinsam auch das Civilrecht und das kanonische Recht. Dem ersteren will er kaum eine Berechtigung zugestehen, und obschon er sonst ein ausgebildetes Gefühl für die wahren Bedürfnisse der Wissenschaft und der Civilisation besitzt, verkennt er hier die Interessen der Zukunft. Zur Entschuldigung mag dienen, dass er in einer Zeit lebte, da sich das Civilrecht überhaupt erst gegen das kanonische Recht erhob und in den Händen des Königtums häufig in dessen Interessen gemissbraucht wurde. Nach Bacons Meinung ist das Civilrecht eins der traurigsten Zeichen seiner Zeit, eine Geissel Gottes, welche Unglück verkündigt, da durch dasselbe Kriege, Revolutionen und Unruhen erzeugt werden. Mit Unrecht werden Juristen, welche die Theologie und das kanonische Recht nicht kennen, mit Ehren überhäuft, so dass die Meister in der Theologie verachtet sind und die Kirche Legisten an ihre Spitze stellt. In Folge des Uebergewichts des Civilrechts müssen die Armen auf ihr Recht verzichten, die Reichen aber, denen die Entscheidung zu langsam geht, zerfleischen sich lieber mit den Waffen in der Hand und beunruhigen die Welt durch ihre Fehden.

Das wahre Recht ist allein das kanonische Recht, dessen Quelle in der Schrift und in den Commentaren der Heiligen zu suchen ist; es ist unwürdig, das Civilrecht mit ihm auf gleiche Stufe setzen zu wollen. Möge es Gott gefallen, so ruft Bacon aus, dass er den Subtilitäten und Künsten der Rechtsgelehrten ein Ende macht, dass die Sachen gerichtet werden ohne den leeren

Lärm der Debatten! Aber werden meine Augen solche glückliche Aendrung noch sehen? Wird das Recht seine Richtschnur aus der Theologie nehmen? Wird sich die Kirche durch ihre eignen Gesetze regieren?¹).

Diesem Hass gegen das Civilrecht verleiht er noch unwilligeren Ausdruck im Compendium philosophiae: Von den Ursachen, welche die Wissenschaft zu Grunde richten, ist eine der hauptsächlichsten der Fortschritt des Civilrechts. Er zerstört die Kirche, die Königreiche und das Studium der Weisheit. Die, welche es studieren, sind entartet, durch List und Schlauheit haben sie sich die Gunst der Fürsten und Prälaten erworben, sie nehmen den Gelehrten alle Hilfsmittel, da sie die Benefizien an sich reissen, sie machen ein ernstes Studium verhasst. Es ist unglaublich, dass man auch Cleriker zu solchem Dienste

---

1) Op. tert. cp. 24: utinam igitur excludantur cavillationes et fraudes juristarum, et terminentur causae sine strepitu litis, sicut solebant esse ante quadraginta annos. O si videbo oculis meis hoc contingere! Nam si strepitus juris removeretur, et cavillationes et abusus juristarum, tunc laïci et clerici haberent justitiam et pacem. Si etiam jus canonicum purgaretur a superfluitate juris civilis, et regularetur per theologiam, tunc ecclesiae regimen fieret gloriose, et secundum ejus propriam dignitatem. Si etiam hoec fierent, tunc studium theologiae, et juris canonici, et philosophiae sublimaretur et perficeretur necessario; quoniam tunc principes et praelati darent beneficia et divitias studentibus in hac triplici facultate; unde studiosi possent habere expensas, et in vita, et in studio sapientiae promovendo. Nam sunt multi et erunt qui nunquam cessarent a sapientiae studio donec complerent eam, si haberent expensas; sed quidam complerent theologiam, quidam philosophiam, et quidam rectificarent jus canonicum, et redigerent ad suum statum. Sed juristae civiles, aut civiliter jus canonicum tractantes, recipiunt nunc omnia bona ecclesiae et provisiones principum et praelatorum; ita quod alii non possunt nec vivere in studio, nec studium sapientiae exercere; et expediunt se breviter, aut omnino transeunt, sine sapientia philosophiae et theologiae, ad jus civile. Nec etiam multum curant de canonico jure, nisi propter gloriam scientiae civilis; et si perit totum studium sapientiae, et totum regimen ecclesiae, et pax de terra tollitur, et justitia denegatur, et omnia mala contingunt. Sed beatissime Papa et Domine sapientissime, dignetur vestra gloria hoc considerare, quia solus potestis remedium adhibere, eo quod nunquam fuit Papa qui ita veraciter sciret jus sicut vos; nec credo quod erit aliquis. Et licet aliqui sciant bene jus, tamen non est spes de eis, quod fiant Papae.

bereit findet, da sie dadurch doch durchaus den kirchlichen Charakter verlieren. Hat im Civilrecht nicht Alles einen laienhaften Charakter? Wer ist sein Urheber? Die zeitlichen Fürsten. Was ist sein Object? Die Herrschaft über die Laien. Die Lehrer selbst (domini legum) in Bologna und in ganz Italien, sind es Cleriker? Sie haben nicht die Tonsur, sie verheiraten sich und treten wie Laien auf. Sich einer so groben Kunst beugen, heisst die Kirche verlassen. Es ist das grösste Unglück für die Kirche, dass man sieht, wie ihre Glieder den Nacken unter das Joch der Constitutionen der Laien beugen.

Nachdem wir das allgemeine Verhältnis von Moral-Philosophie und Theologie mit Einschluss des Civil- und kanonischen Rechtes behandelt haben, erübrigt es noch diese Disciplinen im Speciellen kennen zu lernen.

Die Moralphilosophie nimmt in Bacons Werken durchaus den ersten Platz ein. Leider fehlt sie in der Ausgabe von Jebb, wahrscheinlich weil ihm nur unvollkommene Manuscripte zu Gebote standen. Die ersten drei Teile derselben finden sich in der königlichen englischen Bibliothek: S. f. 11. de philosophia morali Rogeri Bacon, fol. 167 (Fragment, VII. Teil des opus majus). Verbindet man den Inhalt dieses Fragmentes mit einzelnen Teilen des Op. tert., so kann man die Lehren des Roger Bacon über die Moral, wenn auch nicht vollständig, so doch zum grössten Teil entwickeln.

Bei dem praktischen Charakter Bacon's und seiner so oft im Op. maj. ausgesprochenen Begeisterung für die Moralphilosophie darf man sich doch nicht der Meinung hingeben, eine vollständige systematische Arbeit über die Moral zu finden. Sie ist vielmehr eine Sammlung von empirischen Vorschriften, von dem Altertum entliehenen Citaten als ein wahrhaft wissenschaftliches Werk. Doch behält sie den Ruhm eine Apologie der Wissenschaft, ein Hymnus auf das Lob der Wahrheit zu sein; voll Wärme der Ueberzeugung geschrieben entschädigt sie für den Mangel des Systems durch die brennende Liebe zum Guten. Bacon muss auch für die wenig systematische Behandlung nachsichtig beurteilt werden, denn im Jahre 1267, da er schrieb, war die Ethik des Aristoteles noch wenig bekannt, ebenso auch desselben Politik; er musste der Moralphilosophie erst Bahn brechen. Wir haben seine Vorliebe für Grammatik, Mathematik, Perspective und Experimentalwissenschaft kennen gelernt, doch stellt er über alle die Moral: die beste und edelste Wissenschaft von allen, welche wahrhaft practisch ist und die notwendigen Handlungen im gegenwärtigen Leben zum Object hat. Wenn es auch einige andere Wissenschaften giebt, welche uns mit Anweisung für unsre Handlungen versehen z. B. im Bereich der Kunst und der Physik, so betreffen ihre Wahrheiten doch nur den speculativen Intellect und nicht den practischen d. h. den freien Willen, der da zwischen Gut und Böse wählen kann [1]).

Die moralische That allein macht uns gut oder bös, sie allein bestimmt das Verhältnis des Menschen zu Gott, zu seinem Nächsten und sich selbst — sie allein ist das höchste Ziel der Weisheit; sie hat mit der Theologie dasselbe Object, liefert dem Glauben die Beweise und nimmt Teil an der Hoheit der Religion (Op. tert. cp. 14).

Wie kommt es, so fragt Bacon, dass die Christen diese Wissenschaft so sehr vernachlässigen und dass sie manchem Theologen verdächtig erscheint? Woher kommt die grosse Unwissenheit über die Hauptwerke des Altertums? Warum weigern sich die Verteidiger des Glaubens, welche in andern Disciplinen oft Beweise in der heidnischen Philosophie suchen, hier Hilfe zu suchen, wenn es sich um die Moral handelt? Ist sie doch ein gemeinsames Gebiet, eine Profan-Theologie, auf deren Gebiet sich Griechen, Lateiner und Muselmänner begegnen können —

---

1) cf. Comm. nat. cp. 1 et op. tert. cp. 14: Omnes scientiae sunt, simpliciter loquendo et proprie, speculativae. Nam licet in omni scientia distinguantur duae partes, practica et speculativa, ut docet Avicenna primo artis medicinae, tamen moralis philosophia sola dicitur autonomatice et proprie practica: quia practica dicitur a praxi, quod est operatio; et non a quacumque, sed ab operatione nostra, scilicet de virtute et vitio, de felicitate et poena. Et omnes aliae dicuntur speculativae, quae non considerant haec opera vitae praesentis et futurae, quibus homo salvatur vel damnatur.

auch werden ihre Wahrheiten die religiösen Wahrheiten des Christentums nur bestätigen, denn keine Religion ist mehr in Uebereinstimmung mit den Lehren der heidnischen Weisheit als die unsrige ¹). Fast will es auch scheinen, als ob Bacon in einzelnen Aussprüchen die Moralphilosophie der Alten höher stellt als die christliche Religion; jedenfalls aber empfiehlt er sie den Christen seiner Zeit zum Vorbilde ²). Ihr haben principiell alle andren Wissenschaften mit ihren Ergebnissen zu dienen, sie schöpft ihre Hilfsmittel, wo sie dieselben findet. Diese letztern müssen gesammelt werden, da die Philosophen mehr als eine moralische Wahrheit in den speculativen Werken niedergelegt haben, um den Menschen zu seinem Heil anzuregen und ihm zu zeigen, dass alle Wissenschaften zum Ziel nur die Moral haben. Wenn ich also, so fährt Bacon fort, Aussprüche anführe, welche speculativen Werken entlehnt sind, so stelle ich sie nur an ihren rechten Platz ³).

Wir haben oben schon gesehen, dass Bacon die Politik von der Moral nicht trennt, daher teilt er seine Wissenschaft in zwei grosse Abschnitte: der erste behandelt die Gesetze und Institutionen, welche das Leben regeln; der zweite giebt die Mittel an, wie der Mensch sie ausführen kann.

---

1) Op. tert. cp. 15: nam sicut nos credimus, quod omnis sapientia reguletur per fidem Christi, nec aliter apparet ejus utilitas, sic aestimaverunt philosophi de tota philosophia speculativa respectu illius practicae. Quia haec fuit theologia eorum et per hanc credebant salvari, non per alias.

2) Op. tert. cp. 14: mirum enim est de nobis Christianis, qui sine comparatione sumus imperfectiores in moribus quam philosophi infideles. Legantur decem libri Ethicorum Aristotelis et innumerabiles Senecae, et Tullii et aliorum, et inveniemus, quod sumus in abysso vitiorum, ut dicamus, Gratia Dei salvavit nos. Summus enim zelus castitatis, et mansuetudinis, et patientiae, et constantiae, et omnium virtutum fuit apud philosophos. Nam non est homo in aliquo vitio ita absorptus, quin si legeret diligenter libros hos illud vitium dimitteret; quoniam ita potenter allegant pro qualibet virtute, et contra quodlibet vitium, quod non est finis. Unde cum pessimum vitium sit ira, quia omnem hominem et totum mundum destruit, non est homo ita iracundus, qui si videret diligenter libros tres Senecae quin verecundaretur irasci. Mira sapientia in illis libris continetur et sic in aliis.

3) de morali philos. cp. 1.

Der erste Abschnitt selbst zerfällt in drei Teile und behandelt:
1. das Verhältnis des Menschen zu Gott und den Engeln;
2. das Verhältnis des Menschen zu seinem Nächsten;
3. das Verhältnis des Menschen zu sich selbst[1]).

Doch ist zu bemerken, dass, wenn auch alle Wissenschaften ihre Krone in der Moral haben, diese letztere nicht von der Metaphysik getrennt werden kann; sie wurzelt in dieser und so hängt die practischste von der theoretischsten Wissenschaft ab.

In der Metaphysik findet die Moral ihre Principien und ihr Object, denn beide handeln von Gott, von den Engeln, vom ewigen Leben, und unterscheiden sich nur durch ihre Methode. In Folge dessen sind auch die Hauptsätze der baconischen Moral zweierlei Art, die ersten sind rein metaphysisch und die andern nur die ersten Schlussfolgerungen aus seiner Metaphysik (de morali philos. cp. 1).

Bacon selbst stellt folgende Thesen auf:
1. Es giebt notwendigerweise einen Gott;
2. Die Existenz Gottes wird von jedem Menschen aus der Natur erkannt;
3. Gott ist allmächtig, allgütig und unendlich (in substantia et in essentia);
4. Es giebt nur einen Gott (in essentia);
5. Er ist einer in essentia, aber dreieinig trotz seiner Einheit;
6. Er hat die Natur geschaffen und regiert dieselbe;
7. Er hat die himmlischen Substanzen geschaffen, welche wir Engel nennen;

---

1) de morali philos. cp. 1: prima pars dividitur in tria; nam primo naturaliter venit ordinatio hominis in Deum, et respectu substantiarum angelicarum, secundo ad proximum, tertio secundum ad se ipsum, sicut Scriptura facit. Nam primo in libris Moysis sunt mandata et leges de Deo et cultu divino; secundo de comparatione hominis ad proximum, in iisdem libris et sequentibus; et tertio de moribus, ut in libris Salomonis; similiter in novo Testamento haec tria tantummodo continentur.

8. Er hat die spirituellen Substanzen (die vernünftigen Seelen) geschaffen;
9. Es giebt ein zukünftiges Leben;
10. Gott regiert das menschliche Geschlecht in Betreff der Sitten, wie alles Sein in seiner Seinsweise;
11. Es giebt Strafen und Belohnungen nach dem Leben;
12. Gott hat ein Recht auf Verehrung;
13. Wie das Verhältnis des Menschen zu Gott in der Ehrfurcht seinen Ausdruck findet, so das des Menschen mit seinem Nächsten in Gerechtigkeit und Friede, mit sich selbst in der Wohlanständigkeit seines Lebens;
14. Welche Verehrung Gott gebührt, kann der Mensch nur durch Offenbarung wissen;
15. Der Vermittler dieser Offenbarung ist der Vicar Gottes auf der Erde. Ihm als höchsten Gesetzgeber und Priester gebührt absoluter Gehorsam, auch alle Macht in geistlichen und weltlichen Dingen; er ist ein menschlicher Gott und nächst Gott muss man ihn verehren [1]).

Diese metaphysischen Sätze Bacons haben sichtlich viel Aehnlichkeit mit der Theologie; sie sind ihm aber alle, selbst die, wo er die Macht des Papstes verteidigt, in der Politik wie in Glaubenssachen nur Vernunftwahrheiten.

Als Beweise für seine Thesen beruft er sich deshalb nicht auf die heilige Schrift oder die Väter der Kirche, sondern auf die Moralisten des Altertums, die er kannte, und auf die Weisen Arabiens. Er neigte zur Theokratie; er treibt die kühnste Politik des Mittelalters, indem er es versucht, demokratische Tendenzen mit dem Dogma von der zeitlichen Suprematie der Kirche zu vereinigen. Besonders beruft sich Bacon für seine Auf-

---

1) de morali phil. cp. 1: quod uni tantum debet fieri revelatio, quod iste debeat esse mediator Dei et hominum, et vicarius Dei in terra, cui subjiciatur totum genus hominum, et cui credere debeat, sine contradictione .... et iste est legislator et summus sacerdos, qui in spiritualibus et temporalibus habet plenitudinem potestatis, tanquam Deus humanus, ut dicit Avicenna, in decimo Metaphysicae, quem licet adorare post Deum.

stellungen auf die Metaphysik des Avicenna; immer kehrt der Gedanke bei ihm wieder, dass alle Philosophen einer particulären Offenbarung teilhaftig waren. Nachdem Gott den Patriarchen und Propheten die Wahrheiten offenbart hatte, haben diese die Philosophen darin unterrichtet. Daher spricht Plato von der Dreieinigkeit[1]), Porphyrius kennt nach dem Zeugnis des heiligen Augustin den heiligen Geist, auch Aristoteles, Avicenna und Eutychus sprechen sich darüber aus, nur fehlt ihnen noch die Demonstration der drei Personen der Gottheit und die Lehre vom Ausgang des heiligen Geistes. Bacon selbst spricht sich dahin aus, dass der heilige Geist gleicherweise ausgeht vom Vater und vom Sohn; für die andern Wahrheiten begnügt er sich mit einer Berufung auf die Philosophen. So hat er denn als Lehrer für seine religiöse Moral Griechen, Römer und Araber, welche mit ihren Zeugnissen den unerklärbaren Mysterien des Dogma dienen müssen. Wiederum ist es Avicenna, der ihm auch hier als Beweis Worte liefern muss, die einen Schein der Lehre vom zukünftigen Leben und vom göttlichen Cultus haben.

Die Moralphilosophie soll den Menschen erziehen, dass er bei allen Handlungen das ewige Leben im Auge hat. Doch der Gedanke hieran wird durch vier Ursachen gestört, nämlich durch die Sünde, das Vorurteil, die Anhänglichkeit an die materielle Welt und die Abwesenheit der Offenbarung. Hiergegen haben wir aber wiederum vier Hilfsmittel, die uns unterstützen bei der Erkenntnis und der Liebe zur zukünftigen Glückseligkeit; es sind: die Läuterung der Seele, ihr Widerstand gegen ihre Neigungen für unsern Leib, dann die suspensio mentis, die Bacon nicht näher definiert, und die Gewissheit, die uns die Offenbarung giebt.

Bacon schliesst diesen Abschnitt seiner Moralphilosophie mit der Folgerung: Gott hat ein Recht auf Verehrung; diese

---

1) de morali phil. cp. 3: non solum locuti sunt philosophi de Deo absoluto, sed de Deo incarnato qui est Dominus Christus et de eis, quae ad eum pertinent. Nam hujus modi veritates sunt necessariae humano generi, et non est salus hominis, nisi per notitiam harum rerum.

besteht im Gehorsam gegen seine Gesetze und in der Dankbarkeit gegen seine Wohlthaten. Der beste Cultus, der reinste, heiligste und frommste ist ihn verehren von Herzen und mit dem Munde, durch Gedanken und Worte.

Der zweite Teil der Moralphilosophie behandelt das Verhältnis des Menschen zum Menschen. Auch hier finden wir nicht eine reguläre Theorie von Rechten und Pflichten, sondern nur eine Sammlung von Aphorismen ohne festes Band und Einheit. Die Fragen des zweiten Teils sind rein politisch, und es ist gewiss interessant, die Meinungen eines Gelehrten des Mittelalters über den Staat und die gesellschaftlichen Institutionen kennen zu lernen. Vielfach berührt sich Bacon in seinen Aufstellungen mit den Grundsätzen in der Republik des Plato. Er selbst sagt in seiner Moralphilosophie cp. VII: Der zweite Teil betrifft die Gesetze und die gesellschaftlichen Institutionen der Menschen. Dabei haben wir zuerst die Erhaltung des Menschengeschlechts und seine Vermehrung durch die Zeugung zu betrachten. Hierbei sind die Ehegesetze klarzulegen. Dann folgen die Gesetze, welche die Verhältnisse unter den Völkern, Fürsten und Prälaten, zwischen Untergebenen und Herren, Vater und Familie, Lehrer und Schüler ordnen. Den Wissenschaften und und Künsten muss durchaus im Staate Vorschub geleistet werden, für sie sollen die intelligentesten jungen Leute ausgewählt werden, während die andern zum Kriegsdienst, für die Verwaltung der Justiz und Polizei bestimmt werden können.

Die erste Bedingung einer guten Gesetzgebung ist die Teilung der Macht in drei Kategorien: dispositores, ministri, legis periti. Unter diesen hohen Beamten rangieren die niederen bis zum einfachen Privatmann. So wird der Staat keine unnützen Bürger haben, alle werden ehrenhaft leben und für das gemeinsame Interesse des Staates arbeiten.

Der Leiter der Gesellschaft muss Müssiggang und Trägheit verbieten. Wer nicht arbeiten will, soll Landes verwiesen werden, wenn er nicht Alter oder Krankheit zur Entschuldigung hat. Für die Alten und Kranken sollen Asyle gebaut und darüber Procuratoren gesetzt werden. Der Staat muss bestimmte Einkünfte aus Steuern, Geldstrafen, aus dem Gewinn in Kriegen und aus andern Hilfsmitteln haben. Diese Einkünfte haben zur Unterhaltung derer zu dienen, die ihren eignen Lebensunterhalt nicht verdienen können, zur Bezahlung der Rechtsgelehrten und zur Erhaltung nützlicher Einrichtungen. Die Gesetzgebung muss auch die Rechte des Eigentums, der Erbschaften und der Testamente regeln, denn Erbschaften, Legate und Schenkungen legen den Grund zum Reichtum, der sich freilich auch durch Verkauf und Ankauf vergrössern kann Deshalb kommen noch hinzu die Vorschriften über Contracté, welche den Verkauf, Ankauf und Verpachtung betreffen, wie Anordnungen über Besoldungen, Darlehen, Anleihen, Gerichtskosten u. s. w. Es ist eben nötig, dass für jeden Fall ein bestimmtes Gesetz da ist; ein reguläres Recht als Garantie des Friedens und der Gerechtigkeit unter den Bürgern. Dagegen muss man mit allen Mitteln zu verhindern suchen, dass die Bürger in ihrem Vermögen geschädigt oder der Friede und die Eintracht unter ihnen gestört werde, d. h. es muss mit aller Strenge gegen diejenigen vorgegangen werden, welche sich gegen die Gesetze auflehnen, oder welche aus Liebe zum Gewinn dem Gemeinwohl schädlich werden können, sei es durch Glücksspiele, Diebstahl oder Raub.

Die Strafen haben zum Zweck der Besserung einzutreten und Reue zu erzielen. Wer sich nicht bessern will, soll mit der Todesstrafe belegt werden.

Der legislator soll sich selbst einen Nachfolger wählen, aber nachdem er sich Rat erholt hat bei den Grossen und dem Volke, damit seine Wahl auf einen fällt, der die Gabe der Regierung besitzt, der da verständig, voll Mut und Milde, wohlerzogen und vor allen Dingen erfahren in der Gesetzeskunde ist. Sollte trotz dieser Wahl nach dem Tode des legislator Uneinigkeit entstehen, sollte man dem erwählten Nachfolger den Gehorsam verweigern und einen andern wählen wollen, so hat das Gesetz auch solcher Unordnung vorzubeugen. Will z. B. ein ehrgeiziger Mann die Zügel der Regierung an sich reissen, so hat das Volk das Recht, sich gegen ihn zu erheben und ihn mit dem Tode zu bestrafen. Anders handeln hiesse Gott selbst ungehorsam sein, ja Niemand kann für das Blut, welches in solchem Falle vielleicht vergossen werden muss, verantwortlich gemacht werden.

Ist aber ein unwürdiger legislator gewählt und seine Unwürdigkeit hinlänglich constatiert, so soll man ihn absetzen und einen andern einsetzen. Dies sind die Grundsätze für das Civilrecht, die Principien der Politik des Bacon, freilich in mancher Beziehung utopisch, aber ein Zeichen für den ganzen Mann, der es wagt, während er unter einem erblichen Königtum lebt, ein Wahl-Gouvernement vorzuschlagen, zeitlich, widerruflich. Auch die Forderungen, dass die Besten ausgewählt werden sollen, Arbeit als Notwendigkeit hingestellt wird, Trägheit Ursache zum Exil ist — dürften sich schwerlich erfüllen lassen.

Im dritten Teil der Moralphilosophie behandelt Bacon die Pflichten des Menschen gegen sich selbst und die Mittel, ein ehrbares Leben zu führen, frei von schlechten Sitten, im Hinblick auf das zukünftige Glück und in Furcht vor den ewigen Strafen. Seine Ideen über die Tugend sind meist dem Aristoteles entlehnt, auch wie dieser zählt er zwölf ethische Tugenden auf: Mut, Mässigkeit, Freigebigkeit, Grossherzigkeit, Ehrliebe, Sanftmut, Freundschaft, Wahrhaftigkeit, Artigkeit (d. h. heiteres Wesen und anmutige Gewandtheit), Scham (d. h. Furcht vor Schande) und die Gerechtigkeit. Dann erwähnt er die Denktugenden wie Einsicht, Verständigkeit, Kunstsinn, Vorsicht, Weisheit. Diese sind allerdings im Sinne der speculativen Philosophie keine Tugenden, aber sie schauen doch nach ihrer practischen Seite auf das Heil der Seele, auf die Verehrung Gottes, auf das allgemeine Wohl, auf die Wohlanständigkeit der Sitten, auf das zukünftige Leben und so werden auch sie allerdings Tugenden.

An einem andern Orte teilt Bacon die Tugenden ein in natürliche Tugenden und in Gewohnheitstugenden (consuetudinales). Dies ist das Allgemeine. In speciellen Betrachtungen berührt er die sieben Todsünden, gegen die schon alle Philosophen sich mit Wort und That erhoben haben. Gegen den Geiz protestiert er durch die Verachtung des Reichtums, den Stolz verweist er durch die Verachtung der Ehren, der Unzucht entgeht er durch die Flucht vor Ausschweifungen, den Neid beherrscht er durch die Beherrschung der Leidenschaften u. s. w. Zu diesen Aeusserungen lässt sich Bacon durch die Reflexion über die Nichtigkeit der Creatur, die nichts im Universum besagen will, bestimmen. Deshalb sagt er: die Erde ist nichts im Vergleich mit dem Himmel; die Wissenschaft giebt allein der Seele Flügel und bereitet sie für die Erkenntnis der himmlischen Welt, sie allein macht sie würdig als Genossin des göttlichen Daseins. Diese Wissenschaft hat die höchste Bestimmung, sie tritt das Laster mit Füssen, erhebt sich zu höhern Sphären, dringt ein in die Mysterien der Natur und weilt in der Mitte der Sterne. Seneca sagt: „euer Leben ist nur eine Spanne von Tagen"; deshalb verachtet die zeitlichen Güter. Lasst uns doch Cicero nachahmen, der von sich rühmen darf, nie nach Reichtum oder Ehren ein Verlangen gehabt zu haben; lasst uns fliehen die Laster, den Zorn, den Ehrgeiz und die Trunkenheit, und wissen, wie Avicenna sagt, dass der Mensch von dieser Erde und ihren Neigungen nicht frei wird, wenn er nicht gelernt hat, sein ganzes Wesen zur himmlischen Welt zu erheben, sich nach den Schätzen eines andern Universums zu sehnen, und, Dank der göttlichen Liebe, die Güter, welche ihn umgeben, zu vernachlässigen und zu verachten.

Die drei letzten Teile der Moral besitzen wir nicht, aber Bacon hat uns im Op. tert. cp. 14 den Plan derselben mitgeteilt.

Der vierte Teil war der Bekämpfung der religiösen Secten und dem Beweis des christlichen Glaubens gewidmet. Mit den Mitteln der Vernunft sollte er den Menschen für das ewige Leben vorbereiten und den Beweis liefern, dass das Gesetz durch Gott einem einzelnen unfehlbaren Gesetzgeber, dem Vicar Gottes auf der Erde, überliefert sein muss. Hiernach gebührt dem Papst die Herrschaft über die Welt, die Verteilung der Königreiche, die Promulgation der Gesetze und die Ernennung seines

Nachfolgers. Nach Charles in seinem „Roger Bacon" behandelte dieser Teil speciell noch die Sacramente und besonders die Eucharistie (cfr. das Dubliner Manuscript, welches den vierten Teil der Moral Bacon's enthält).

Den Inhalt des fünften und sechsten Teiles wollen wir mit Bacon's eignen Worten aus dem Op. tert. cp. 14 anführen: Quinta vero pars est de sectae jam persuasae et probatae exhortatione, ad implendum in opere et ad nihil faciendum in contrarium; et hic exigitur modus praedicationis. Et tam haec pars quam quarta utitur potenter ornatu rhetorico, non solum in verbis, sed et in sententiis, et in gestibus corporis, et in animi motibus, sicut ego declaro per radices certas, secundum vias sanctorum et non solum philosophorum. Nam ut Augustinus docet, quarto de doctrina Christiana, summa eloquentia est in usu sanctorum in Scriptura; et optime hoc docet. Hanc autem partem elevo ad considerationes scientiarum, quia comparo eam ad usum theologiae, et similiter facio de omnibus quae scripsi, tam in Opere Majori quam Minori. Nam una comparatio est philosophiae ad theologiam, ut saepe dixi. Sexta vero pars moralis philosophiae est de causis ventilandis coram judice inter partes, ut fiat justitia.

Erwähnt mag noch werden, dass sich Bacon auch mit der Kindererziehung beschäftigt hat. Diese wurden in seiner Zeit hauptsächlich in den Metamorphosen des Ovid unterrichtet. Dagegen protestiert er, da es nichts nützen könne, wenn die Jugend lerne, es gebe mehrere Götter, so dass ihnen abergläubische Vorstellungen beigebracht werden. Vielmehr soll der Unterricht mehr als bisher auf die christliche Religion ausgedehnt werden unter der Leitung der Kirche. Aber nicht in schlechten lateinischen Versen, wie es Sitte, sollen die Kinder die Bibel kennen lernen, sondern in der Prosa; das Hauptaugenmerk ist dabei auf die Evangelien, Episteln und die Bücher Salomonis zu richten, doch möge sich der Unterricht in den moralischen Schriften Seneca's anschliessen (Op. tert. cp. 8. 15).

Es erübrigt noch einzelne theologische Aufstellungen des

Bacon zu erörtern. Die Scheidung der Moralphilosophie von der Theologie lässt sich schwer bestimmen, da Bacon sie meist zusammen behandelt, doch stellt er die Theologie in dasselbe Verhältnis zur ganzen menschlichen Weisheit, wie die Moralphilosophie zu den übrigen Wissenschaften [1]).

Besonderes Verdienst hat sich Bacon um die heilige Textkritik erworben. An vielen Stellen behandelt er den Ursprung der Textversionen und die Uebersetzungen, deren sich die Kirche bedient. Am meisten schätzt er die Uebersetzung des Hieronymus, doch beweist er auch, dass derselbe sich vielfach geirrt habe [2]).

Deshalb verlangt er vor allen Dingen eine Revision dieser Uebersetzung, wenn nicht die Ungewissheit in der Kirche allzu gross werden soll bei den Differenzen zwischen den einzelnen Texten. Die alten Bibeln in den Klöstern, so sagt er, sind ohne Glossen geblieben, sie enthalten die Uebersetzung, welche die heilige römische Kirche angenommen hat, aber mit dieser haben die Exemplare in Paris keine Aehnlichkeit, deshalb müssen sie durch Vergleichung mit den älteren Texten corrigiert werden [3]).

---

1) Op. tert. cp. 15: Ideo sequitur quod propter ignorantiam istius scientiae (sc. moralis philosophiae) non potest veritas aliarum patere; nam nihil sunt sine ea, sicut tota sapientia nihil est sine sapientia fidei Christianae.

2) Op. tert. cp. 9: Omnes sancti et sapientes reprobaverunt translationem beati Hieronymi in Biblia, et vocaverunt eum falsarium et corruptorem Scripturae; cp. 25: Et licet beatus Hieronymus scivit linguas optime et sapientiam Dei, tamen quia falsarius reputabatur a viris ecclesiasticis non ausus fuit ubique transferre secundum Hebraicam veritatem; immo interdum se cooptavit aliis translatoribus, et permisit multa stare nt fuerunt translata, quamvis bene scivit mutare in melius, sicut ipsemet pluries dicit. Ut est illud quarto Sapientiae: „Spuria vitulamina non dabunt radices altas." Nam Augustinus ostendit secundo de doctrina Christiana (XII), quod falsa est haec translatio.

3) Op. tert. cp. 25: Et in hoc aggravatur haec corruptio, quod quilibet corrigit pro sua voluntate. Nam quilibet lector in ordine Minorum corrigit ut vult, et similiter apud Praedicatores, et eodem modo saeculares. Et quilibet mutat, quod non intelligit, quod non licet facere in libris poëtarum. Sed Praedicatores maxime intromiserunt se de hac correctione. Et jam sunt viginti anni et plures, quod praesumpserunt facere unam correctionem, et redegerunt eam in scriptis. Sed postea fecerunt aliam ad reprobationem illius,

Hier kann nach seiner Ansicht nur der Papst oder ein Concil Hilfe schaffen — darum aber bittet er beständig.

Die göttliche Autorschaft der Schrift steht ihm fest, doch ist er sehr ungebunden im Allegorisieren der Schriftstellen. Er betont zuerst den Wortsinn der Stelle, sucht aber alsbald auch den geistigen Sinn zu eruieren; derselbe ist nach ihm ein dreifacher [1]) (sensus allegoricus, moralis et anagogicus). Er selbst giebt hierfür hinreichend Beispiele.

Bei der Beschreibung des heiligen Landes (Op. maj. 114) sagt er: Der Jordan, weil er in's tote Meer fliesst, soll die Welt bezeichnen, Jericho das Fleisch, der Oelberg wegen seiner Höhe die excellentia vitae spiritualis, und wegen der Oliven die dulcedo devotionis; das Thal Josaphat die Demut (propter rationem vallis) und den Weg vor den Augen der Majestät (weil Josaphat heisse in conspectu Domini); ·Jerusalem bezeichnet den Frieden (und zwar moralisch die anima sancta, allegorisch die ecclesia militans und anagogisch die ecclesia triumphans). Wer nun von Geburt an (von Osten) bis zu seinem Alter (nach Westen) zu jenen bezeichneten Gütern gelangen will, muss zuerst die Welt (den Jordan) verlassen, wie die Mönche, welches der erste Grad der vita spiritualis ist. Darauf muss er seines Fleisches Uebermut bändigen, doch nicht ungestüm, sondern allmählich (weil Jericho in der Ebene liegt). Erst dann ist der Mensch geschickt zur excellentia vitae spiritualis und zur dulcedo devotionis hinaufzusteigen. Ehe er aber nach Jerusalem kommt, muss er sich gänzlich vor Gott demütigen (Josaphat). Hat er sein Leben so vollbracht, dann kann er an den bezeichneten Gütern Jerusalems teilnehmen [2]).

Bei der Behandlung der Schriftstelle [3]): Seid klug wie die

---

et modo vacillant, plus quam alii, nescientes ubi sint. Unde eorum correctio est pessima corruptio et destructio textus Dei; et longe minus malum est et sine comparatione uti.exemplari Parisiensi, non correcto, quam correctione eorum vel aliqua alia.

1) Op. min. ed. Brewer pg. 389.
2) cfr. Siebert, R. B. pg. 60.
3) cfr. Op. min. ed. Brewer p. 357.

Schlangen und ohne Falsch wie die Tauben, sagt Bacon: Der Herr wollte die Apostel auf die Natur und Eigentümlichkeit der Taube und der Schlange aufmerksam machen; wie die Schlange zur Verteidigung ihres Kopfes den Körper zusammenrollt und der Gefahr blossstellt, so soll auch der Christ Alles, was sein ist, gern preisgeben für sein Haupt Jesus Christus; der Taube aber ist zu ihrem Schutz die Gewohnheit angeboren, dass sie sich gern in die Nähe eines Ufers setzt — durch ihr Spiegelbild im Wasser wird nun der fliegende Raubvogel getäuscht, sodass die Taube hierdurch gerettet wird; die Anwendung auf die Jünger fehlt jedoch im op. minus. Dass der Wortsinn nicht genügt zur Erklärung der Schrift, zeigt Bacon besonders an dem Beispiel des Löwen im op. min. pg. 368. Es ist nicht genug, dass wir wissen, der Löwe ist ein Tier, welches der König der Tiere heisst, sondern wir müssen seine Natur und Gewohnheiten kennen, da er nach denselben bald ein Bild des Heilandes, bald des Teufels ist[1]).

Was die dogmatischen Anschauungen Bacon's betrifft, so folgt er im Ganzen der theologischen Richtung seiner Zeit und neigt als Franziskaner zum Pelagianismus, sodass er die cooperatio ad salutem (Op. maj. 255. 354) und die Heiligkeit der Jungfrau Maria stark betont (Op. maj. 356, Op. tert 49).

Besonderes Gewicht legt er auf die Lehre von der Erbsünde; dass der Mensch von Jugend auf voll Unwissenheit und Irrtum ist, ist ihre Folge[2]). Sie hat die drei Seelenkräfte des Menschen verderbt; als solche nennt er die Vernunft, den Willen und als dritte Seelenkraft: irascibilis, quae operatur secundum vias veritatis. Die Verderbtheit der letzteren durch die Erbsünde schildert er mit folgenden Worten: enervatur ut non

---

1) Op. min. pg. 388: nam si dicitur: sicut leo de tribu Juda .... quod pro Christo dicitur. Et beatus Petrus Apostolus ait: adversarius vester diabolus tamquam leo rugiens, etc. .... et sic est de omnibus rebus; quia pro ipso sensu litterali, oportet scire naturas et proprietates rerum.

2) Comp. studii p. 405: homo totus est plena ignorantia et errore ab ipsa nativitate ... hoc causatur per originale peccatum, quo corrumpimur et depravamur.

possit operari secundum sapientiam, sed declinat in omnem stultitiam. So kann der Mensch nicht selig werden, der Zugang zum Himmel ist ihm verschlossen und erst durch die Incarnation des Logos wiederhergestellt [1]). Nächst Gott sind es die Engel, die den Menschen erleuchten, nam deus respectu animae est sicut sol respectu oculi corporalis, et angeli sicut stellae. Allgegenwart ist ihnen jedoch nicht zuzuschreiben (Op. tert. p. 179), wunderbarer Weise aber die Bewegung der Himmelskörper [2]).

Bacon glaubt an die Auferstehung der Toten, an Fegfeuer, Himmel und Hölle und an die göttliche Providenz. Der Papst ist ihm der successor beati Petri (Op. tert. 63) und vorzüglichste Gesetzgeber für die Welt. Vielfach beschäftigt er sich mit der Zukunft des Antichrist (Op. maj. 169 cfr. Berechnung der Zahl 666 aus der Offenbarung Johannis im Comp. studii pp. 437). Durch die Taufe werden wir in's ewige Leben eingepflanzt (Comp. stud. p. 401), im Abendmahl aber haben wir wahrhaftig den Herrn Jesum Christum; indem wir ihn darbringen für unsere Sünden, indem wir ihn essen und trinken, werden wir selbst in ihn hineingebildet (Comp. stud. p. 400). Er ist in der Hostie gegenwärtig vermöge seiner göttlichen Allgegenwart (Op. tert. cp. 50). Seine Gläubigen aber wird er einst verklären im ewigen Leben — Dominus Jesus Christus glorificabit singulos electos in vita aeterna. Nam sicut deitas praesens erit cuilibet, ita et humanitas, ut argui potest sicut nunc de Sacramento, ut Dominus Jesus sit omnia in omnibus (Op. tert. pg. 188).

---

1) Comp. stud. p. 406: nulla creatura pura potuit satisfacere pro peccato; sed oportuit filium Dei, cujus est infinita potentia, cum sit Deus, satisfacere Deo patri.

2) Op. tert. cp. 49: per motus coelorum ... scimus quod angelica natura est, quae movet coelos; et quia sunt sexaginta motus secundum Aristotelem, in nono Metaphysicae, scimus etiam quod angeli, motores orbium coelestium, sunt sexaginta, praeter millia millium et decies centena millia, et innumerabiles nobis, quos scimus esse per fidem ecclesiae, et scripturae et sanctorum.